GUSTAVE CLAUDIN

PARIS

> Paris n'est-il pas un sublime vaisseau chargé d'intelligence? Oui, ses armes sont un de ces oracles que se permet quelquefois la fatalité. LA VILLE DE PARIS a son grand mât tout de bronze, sculpté de victoires, et pour vigie NAPOLÉON !
>
> DE BALZAC, *La Fille aux yeux d'or*.

PARIS

E. DENTU, ÉDITEUR

LIBRAIRE DE LA SOCIÉTÉ DES GENS DE LETTRES

PALAIS-ROYAL, 13, ET 17, GALERIE D'ORLÉANS

PARIS

Ouvrages du même auteur.

L'EXPOSITION DE 1855 A VOL D'OISEAU ...... 1 volume.
PALSAMBLEU, roman .... 1 —
POINT ET VIRGULE, roman et nouvelles. .... 1 —

Paris. — Imprimerie VALLÉE et Cⁱᵉ, 15, rue Breda.

GUSTAVE CLAUDIN

PARIS

> Paris n'est-il pas un sublime vaisseau chargé d'intelligence? Oui, ses armes sont un de ces oracles que se permet quelquefois la fatalité. LA VILLE DE PARIS a son grand mât tout de bronze, sculpté de victoires, et pour vigie NAPOLÉON.
>
> DE BALZAC, *La fille aux yeux d'or*.

PARIS

E. DENTU, ÉDITEUR

LIBRAIRE DE LA SOCIÉTÉ DES GENS DE LETTRES

1862

A

THÉOPHILE GAUTIER

Son ami,
GUSTAVE CLAUDIN

PRÉFACE

Nous avons le bonheur de vivre à une époque de transformation. Depuis vingt-cinq ans, l'Europe, et Paris qui en est la capitale, ont changé complétement d'aspect. La transition a été brusque et radicale à ce point d'annuler une foule d'excellents livres qui pouvaient compter sur une plus longue carrière.

L'achèvement des chemins de fer, l'usage du télégraphe électrique, ont été les deux principales causes de cette heureuse perturbation qui est venue modifier nos mœurs, changer nos habitudes, bouleverser nos installations et fournir à notre volonté, à nos besoins et à nos caprices une puissance qu'on aurait pu jusque-là considérer comme chimérique.

Il suffit d'un très-léger effort de l'esprit pour embrasser dans leur ensemble les changements que l'abolition de la distance a dû apporter dans les rapports des hommes entre eux.

C'est à Paris, centre des chemins de fer, station universelle, caravansérail de toutes les parties du globe, que ces modifications ont été surtout appréciables. Les habitants de cette ville ont assisté à ce spectacle étrange, d'une civilisation nouvelle venant prendre la place de l'ancienne, et s'imposant presque brutalement.

Ce Paris, que la vapeur rapprochait, pour ainsi dire, de tous les rivages et de tous les parages, devint la ville de tout le monde. On émigra vers lui, on en fit l'entrepôt et le marché des départements et de l'étranger.

Contraint de se métamorphoser au physique comme au moral, il cessa par conséquent de ressembler aux descriptions et aux tableaux qu'on avaient esquissés tous ceux qui l'avaient étudié avant cette transformation.

J'ai tenté dans les divers chapitres de mon livre de peindre Paris sous son nouvel aspect, et d'établir un parallèle entre ce passé qui s'en allait et cet avenir qu'on voulait lui préférer. J'ai essayé, dans la mesure de mes forces et de mes lumières, de plaider en faveur des excellentes choses qu'on voudrait abolir, et contre ce que je serais tenté d'appeler les erreurs du présent.

Je ne suis pas d'ailleurs le premier à aborder ce sujet délicat. M. Edmond Texier l'avait indiqué dans son *Tableau de Paris*. Après lui, M. Xavier Aubryet l'a également effleuré dans une fantaisie vive et spirituelle, intitulée : *Madame veuve Lutèce*.

Paris, ainsi que j'ai essayé de le démontrer,

a couru de très-grands dangers. Ses élégances, ses délicatesses ont failli succomber sous les coups que sont venus leur porter des intrus arrivés sans crier gare. Mais grâce aux efforts de quelques esprits supérieurs, tous ces côtés exquis qui ont fait sa gloire ne seront point perdus, et seront par nous transmis à nos enfants. Les Parisiens, après avoir erré dans un grand désert d'hommes, se sont enfin retrouvés, et sauront à l'avenir, comme par le passé, jouir de leurs légitimes prérogatives.

Je supplie le lecteur de me pardonner certaines manières de voir, que je ne ferai point prévaloir. Ma prédilection, peut-être aveugle, pour cette grande ville m'a seule inspiré l'ardeur de mes attaques contre ce que je considère comme les taches de ce soleil. Je suis, je le reconnais, un enthousiaste, un fanatique de Paris, et j'ai eu probablement le tort de le défendre avec trop de zèle.

PARIS

CHAPITRE PREMIER

LA PETITE LUTÈCE DANS SON BERCEAU

On a vendu, pendant longtemps, chez les libraires des quais, une petite image confuse au bas de laquelle étaient écrits ces mots : *Plan de Paris sous les Mérovingiens.*

Ce plan, dessiné par un archéologue curieux et oublié, représente la Seine dans son parcours de Charenton à Sèvres, ainsi que les îles qui élargissent son lit en diminuant sa profondeur. Le centre de ce plan indique la Cité. Les plaines environnantes disparaissent sous des marais fangeux, les collines sont plantées de vignes. Les monuments principaux sont, sur la rive gauche du fleuve, le palais de Julien l'Apostat, qui existe encore aujourd'hui, puis un temple d'Isis, disparu depuis des siècles et qui se trouvait dans la direction de l'endroit occupé à présent par l'Observatoire. Sur la rive gauche, la butte Montmartre est couronnée par un temple de Mars. Si le dieu n'a plus son temple, il a laissé du moins son nom à ce monticule.

Je ne me perdrai pas au milieu des suppositions plus ou moins admissibles que le conventionnel Dulaure, Mercier, Grégoire de Tours, Lebeuf, Jalliot, Félibien, Germain Brice, l'érudit comte de Saint-Victor, mon ami Édouard Fournier et tous les historiographes de Paris ont entassées dans leurs doctes ouvrages. Moins curieux que tous ces clairvoyants, qui ont tenté de si beaux efforts pour entrer dans Lutèce à la suite de Jules César, je me bornerai à résumer en quelques lignes les historiens les plus dignes de foi qui ont écrit sur ce sujet, puis imitant le sage, qui s'abstient dans le doute, je dirai : Le grand Paris que nous voyons aujourd'hui est sorti de cet amas de huttes construites par les bateliers parisiens autour de l'île de la Cité, comme ces grands chênes sous lesquels saint Louis a rendu la justice sont sortis des glands que des corbeaux contemporains de Vercingétorix ont laissés tomber dans la forêt de Vincennes.

César dans ses *Commentaires*, et l'empereur Julien dans son *Misopogon*, sont les premiers qui aient parlé de Lutèce, ce premier nom de Paris. César, au livre VI de ses *Commentaires*, mentionne cette petite ville.

« Dès le printemps [1], il (César) convoqua, selon son
» usage, l'assemblée de la Gaule. Les Sénonais, les
» Carnutes et les Trévires furent les seuls qui ne s'y
» trouvèrent point. César regarda cette conduite comme
» un signal de guerre et de révolte, et, ajournant toute
» autre affaire, il transféra l'assemblée à Lutèce, ville
» des Parisiens. Ce peuple était voisin des Sénonais
» et n'avait même anciennement formé qu'une seule
» nation avec eux; mais il paraissait étranger au
» complot. »

---

[1] Concilio Galliæ primo vere, uti instituerat indicto, quum reliqui, præter Senones, Trevirosque venissent, initium belli ac defectionis hoc esse arbitratus, ut omnia postponere videretur concilium Lutetiam Parisiorum transfert.
(*Cæsaris Commentarii de bello gallico*, liber VI.)

Au livre VII, il est encore question de Lutèce. « Pen-
» dant ce temps, Labienus ayant laissé à Agenducum,
» pour la garde des bagages, les recrues arrivées d'Ita-
» lie, s'était porté avec ses quatre légions vers Lutèce,
» ville des Parisiens, située dans une île de la Seine. »
Labienus se rend ensuite vers Melodunum (Melun),
ville située sur la Seine, il prend la place et revient
à Lutèce, mais les Gaulois qu'il a fait fuir ont mis
le feu à la ville et coupé les ponts.

Voilà à peu près tout ce que Jules-César dit de
Lutèce dans son ouvrage écrit quelques années avant
Notre-Seigneur Jésus-Christ, dont au dire d'un païen
il fut le précurseur, parce que le dieu et le héros dans
les chronologies ont ce même chiffre J.-C.

L'empereur Julien, l'an 355 de notre ère, c'est-à-
dire près de 400 ans après César, habita Paris, qu'il
appela *sa chère Lutèce*. Ce mot est le seul que sachent
de lui tous ceux qui l'appellent l'Apostat. C'était un
esprit austère, mystique, inquiet, qui retourna vers le
paganisme, après avoir éprouvé un vertige contraire
à celui que ressentit saint Paul sur le chemin de
Damas. Il passa plusieurs hivers dans ce palais des
Thermes que nous voyons encore, et recueillit dans

son *Misopogon* beaucoup de détails sur les Gaulois de Lutèce. Il n'approuve pas la détestable manière de se chauffer des habitants de ce pays, qui s'asphyxient autour de grands chaudrons remplis de charbons enflammés. Pourquoi appela-t-il cette résidence *sa chère Lutèce?* on ne sait vraiment pas, et ce n'est point l'abbé de La Bletterie qui nous l'apprendra dans sa *Vie de Julien*. Il eut une prédilection particulière pour cette résidence, cela est incontestable. Toujours dans son *Misopogon*, il vante beaucoup l'eau de la Seine et ne semble pas se douter qu'un jour ses riverains renonceront à puiser dans ses ondes. Il vante aussi l'excellence des vins récoltés sur les coteaux d'alentour. Dans l'excès de sa partialité, ce César, qui avait dû boire à Rome des vins authentiques de Falerne et de Coecube, chanta le vin de Suresnes !

Certains historiens prétendent que le palais des Thermes ne fut point construit par Julien. Selon eux, c'est l'empereur Constance-Chlore qui l'éleva. Pour soutenir cette opinion, les savants ajoutent que : « le genre des matériaux employés, leur disposition, sont des preuves convaincantes à l'appui de cette assertion. » Si Julien ne l'a point construit, il a su le rendre célèbre. César et lui seront toujours pour moi les deux premiers grands Parisiens.

Je voudrais bien marcher d'un pas plus rapide vers le sujet de ce livre, et ne pas m'exposer, par de plus grandes lenteurs, à ce que mon lecteur me prie de passer « au déluge ; » cependant il me faut encore ajouter un mot sur l'origine de Paris.

On doit ajouter foi à ce qu'ont dit de Lutèce César et Julien, parce que les *Commentaires* de l'un et le *Misopogon* de l'autre existent, mais on peut repousser dédaigneusement les fables ridicules débitées sur l'origine de Lutèce antérieurement à l'occupation romaine. Ainsi, il n'y a qu'à rire de cette malice cousue de fil blanc, imaginée par un archéologue qui ose attribuer, pour fondateur à Paris, Francus, fils d'Hector et neveu de Pâris, ravisseur d'Hélène. Puisque Marseille, qui n'est pas la capitale de la France, a pu être fondée 600 ans avant Jésus-Christ par une colonie phocéenne, je puis bien moi, se sera dit cet archéologue, prétendre que Paris a été fondé 600 ans plus tôt, par une branche de la famille royale troyenne. J'appellerai à moi les ténèbres du temps, je trouverai dans quelques livres ignorés une allusion vague touchant cette émigration, j'ajouterai quelques mots en *us*, et le tour sera fait. Cet archéologue a complétement réussi: ce qu'il a avancé est absurde, et malgré cela tous les hommes sérieux qui ont écrit sur les origines de Paris ont considéré comme un devoir de lui consacrer une réfutation. Sa supercherie, qui se fût évanouie d'elle-même, passera certainement à la postérité. C'est toujours comme cela que les choses se comportent. Si les livres ne contenaient que la vérité, ils ne seraient ni si nombreux ni si gros. Pauvre vérité, pourquoi ne peux-tu jamais marcher qu'escortée par des armées de puissantes erreurs qui te refoulent au fonds de ce puits que tu as choisi pour retraite, sans doute parce que tu es toujours altérée!

Lutèce ne fut donc qu'une petite ville des Gaules, jusqu'à la fin du cinquième siècle. En 494, elle fut prise par les Francs qui avaient envahi la Gaule, et en 506, Clovis roi de France, en fit la capitale de ses États, et se fixa dans le palais des Thermes ; à partir de cette époque elle s'appela Paris, du nom de la peuplade gauloise, les Parisiens, qui l'avaient fondée.

Les Parisiens étaient dans l'origine tous bateliers, voilà pourquoi les armes de Paris représentent un navire avec cette devise : *Fluctuat nec mergitur*.

Cette promotion de Paris au titre de capitale n'augmenta en rien son importance. D'abord ce titre de capitale des États de Clovis et de ses successeurs ne la faisait commander qu'au territoire fort restreint sur lequel s'étendait la domination de ce fondateur de la monarchie française, et ne pouvait aucunement amoindrir les villes plus considérables qui se trouvaient dans les Gaules.

Les Francs étaient des barbares beaucoup moins avancés que les Gaulois. Ils n'avaient pas profité, comme ces derniers, de la domination romaine. Cette invasion des Francs ne fut en réalité qu'une des immenses vagues humaines qui se ruèrent sur l'empire romain pour en opérer le démembrement. On sait ce que devint la civilisation dans cet épouvantable cataclysme. Nous sommes les descendants de ce mélange de la race franque qui fut l'élément noble et conquérant, et de la race gauloise qui fut l'élément conquis et roturier.

Il est juste d'observer que l'élément gaulois dut prendre le dessus, ce qui nous permet d'affirmer que nous sommes bien les enfants de cette race spirituelle, turbulente et guerrière qui avait pour emblèmes le coq vaillant et l'alouette matinale ; ce sont bien nos pères qui sont partis autrefois pour saccager le temple de Delphes, et prendre la ville de Rome. Nous réparons aujourd'hui les témérités de nos ancêtres. Depuis trente ans, nous payons les dividendes du gouvernement grec, et depuis dix ans nous formons à Rome la garde d'honneur de Sa Sainteté le Pape.

On trouve peu de détails sur l'époque mérovingienne, par la raison qu'en ce temps-là les diverses peuplades de la Gaule guerroyaient sans cesse les unes contre les autres, et poussaient la lutte jusqu'à l'extermination. La trêve de Dieu, cette première conquête de la civilisation contre la barbarie, n'était pas encore en vigueur. Les vainqueurs et les vaincus se trouvaient plongés dans d'épaisses ténèbres; si tous combattaient, nul parmi eux n'était capable d'écrire. Il y avait çà et là quelques moines courageux qui criaient en vain dans ce grand désert d'hommes. Un de ces moines a constaté d'une façon lamentable le silence sépulcral qui planait au-dessus de ces barbares, quand ils avaient déposé les armes, et que troublait seul le *glissement* de sa plume sur son parchemin.

La cour de Clovis, installée dans le palais des Thermes, n'est pas connue. C'est vraiment très-regrettable de ne posséder que des détails incomplets sur les mœurs et les habitudes de ce fier et farouche Sicambre perdu dans sa barbe qui devait, ce me semble, caresser sans cesse du regard sa hache formidable. Que se passait-il dans ce palais le soir, alors que les habitants groupés dans la Cité, dormaient du sommeil des justes? Représentait-on des mystères devant la pieuse reine Clotilde? Quelques histrions partis de Rome et arrêtés en route parvenaient-ils jusqu'à cette cour pour divertir ce roi et ses rudes compagnons? C'est peut-être dans ce palais des Thermes que saint Remi, l'évêque de Reims, a raconté la passion de Notre-Seigneur, et que Clovis, saisi d'indignation, s'est écrié : « Que n'étais-je là avec mes » Francs pour exterminer ces bourreaux ! » Je prie le savant M. du Sommerard, qui habite le musée de Cluny et ce même palais des Thermes, de me pardonner cette téméraire supposition.

Si les détails précis manquent sur les délices de la cour des Mérovingiens, en revanche on trouve dans des chroniques certains récits qui édifient pleinement sur le charmant état social qui fleurissait au sixième siècle. Celui que je vais citer d'après Grégoire de Tours suffit à lui seul pour bien peindre cette époque.

En 584, le roi Chilpéric maria sa fille Rigonthe à Récarède, prince des Goths, qui régnait à Tolède. La princesse, chargée de richesses et de présents, partit escortée des plus vaillants chevaliers et d'une foule de serviteurs pour rejoindre son époux. Le voyage était long, les routes n'existaient pas, et le brigandage le plus véhément tentait impunément ses coups.

Je cite textuellement Dulaure :

« Cinquante voitures suffirent à peine pour charrier le riche bagage de la princesse Rigonthe. Son cortége se composait de plus de quatre mille hommes armés, à pied ou à cheval. Les ducs Domegisclus, Ansoalde, Bladaste, le maire du palais Wadon, étaient spécialement chargés de commander la brillante escorte et de veiller à la sûreté de la princesse et de ses trésors.

» Le cortége, formé dans la cité de Paris, se met en marche ; mais en sortant par la porte méridionale de cette ville, l'essieu d'une des voitures se rompt. Les assistants, effrayés par cet accident, en tirent un funeste présage, et s'écrient: O malheur! (*mala hora!*)

» Enfin le cortége quitte Paris. Après avoir parcouru un espace d'environ huit milles (trois lieues), il s'arrête; on dresse des tentes pour y passer la nuit.

» Ici commencent les malheurs du voyage de Rigonthe.

» Pendant cette nuit, cinquante hommes de l'escorte se lèvent, s'emparent de cent des meilleurs chevaux, de leurs freins d'or, de deux grandes chaînes de ce précieux métal, et fuient avec ce butin dans les États du roi Childebert.

» Pendant tout le reste de la route, les richesses devinrent successivement la proie des personnes chargées de les protéger; mais cette princesse ne fut pas la seule victime de l'avidité de sa garde.

» Chilpéric avait sévèrement recommandé de ne prendre pour la nourriture des hommes et des chevaux de l'escorte aucune denrée, aucune chose dans les terres de son fisc; de sorte que les personnes et les bêtes devaient être alimentées par le pillage. Aussi les villes et les campagnes qui se trouvaient sur le passage furent-elles mises à contribution et horriblement dévastées. « Pendant toute la route, dit Grégoire

» de Tours, ceux qui composaient le cortége se livrè-
» rent à tant de pillages, s'enrichirent de tant de
» butin, qu'il serait impossible d'en rendre compte.
» Les moindres chaumières des pauvres ne purent
» échapper à la rapacité de ces brigands; ils détrui-
» saient les vignes, en coupant les ceps pour avoir le
» fruit; ils enlevaient les bestiaux : tout fut ruiné sur
» leur passage, où ils ne laissèrent rien à prendre...
» Ce désastre eut lieu dans un temps où la gelée et
» une sécheresse avaient emporté la récolte ; et ce
» qu'avait épargné ce double fléau fut entièrement
» enlevé. »

» Cependant la princesse continuait sa route, et son cortége, qui ruinait toutes les campagnes, la ruinait aussi ; car, à chaque station, il la dépouillait de quelques parties de ses trésors. Arrivée à Poitiers, elle se vit abandonnée par plusieurs ducs de son escorte : ceux qui restèrent autour d'elle l'accompagnèrent comme ils purent jusqu'à Toulouse où l'attendaient de nouveaux malheurs.

» Elle reçut en chemin la nouvelle de la mort du roi son père, de Chilpéric, assassiné par les ordres de Frédégonde. Arrivée à Toulouse, on lui conseilla d'y séjourner pour laisser reposer son escorte fatiguée et pour réparer les vêtements et les voitures : elle y consentit. Pendant qu'elle séjournait dans cette ville, on y vit arriver le duc Desiderius, qui, à la tête d'une troupe armée, vint, sans autre formalité, s'emparer de ce qui restait des trésors de Rigonthe.

» Il fit transférer ces richesses dans un lieu fort, et les confia à la garde d'hommes qui lui étaient dévoués.

» Les chefs du cortége, ces nobles Francs, chargés de protéger la princesse et ses trésors, n'opposèrent aucune résistance à l'attentat de Desiderius ; quelques-uns même, tels que le duc Bladaste et le maire du palais Wadon, s'unirent au spoliateur, et devinrent sans honte ses complices. Rigonthe, délaissée, trahie, dépouillée, fut forcée de rester à Toulouse et de renoncer à son mariage. Cette princesse qui, quelques jours avant, possédait encore des richesses surabondantes, se trouva dans un tel état de dénûment, qu'elle put à peine se procurer les aliments nécessaires à sa propre existence. Sa vie même fut menacée, et, pour la mettre en sûreté, elle fut réduite à se réfugier dans l'asile de Sainte-Marie de Toulouse, d'où, abreuvée d'humiliations et d'outrages, elle ne fut retirée que l'année suivante. »

Ce récit lamentable prouve que Paris et la Gaule n'étaient encore, à cette aimable époque, qu'une immense caverne de brigands. Les bijoux que la princesse Rigonthe emportait avec elle avaient évidemment une grande valeur, si nous en jugeons par les magnifiques échantillons du savoir-faire des orfèvres mérovingiens que nous possédons aujourd'hui dans nos musées. L'abbé Cochet a retrouvé des couronnes, des bracelets et des broches de ces temps-là, dans les fouilles pratiquées d'après ses indications aux environs de Lillebonne, département de la Seine-Inférieure, et en 1857 et 1858 on a découvert près de Tolède, capitale des Goths, où régnèrent Récarède et Reccesvinthus, l'un de ses descendants, neuf couronnes en or massif, enrichies de saphirs et de perles fines. Qui sait si parmi ces couronnes il ne s'en trouve pas une apportée à Récarède par cette fille de Chilpéric[1]?

[1] Les couronnes des rois goths et celle offerte à Dieu, par le roi Reccesvinthus, sont au musée de Cluny. — Elles ont été

Voilà donc Paris donné par Clovis pour capitale à la monarchie française, et ainsi destiné à devenir la première ville de la France, et à grandir aux dépens des villes plus considérables et plus anciennes, disséminées çà et là sur le territoire des Gaules. Avant que d'esquisser rapidement les phases de stagnation et de progrès par lesquelles Paris a passé, avant que d'énumérer les craquements successifs du corset fortifié dans lequel il fut de tout temps enfermé, il importe de jeter un dernier coup d'œil sur son berceau.

Cinquante-quatre ans avant Jésus-Christ, César en soumettant les Gaules s'arrêta à Lutèce, près des premières cabanes que les bateliers de la Seine avaient construites dans l'île de la Cité et sur la rive gauche du fleuve. La Seine, en cet endroit élargie par la présence de quelques îles, était guéable pendant l'été. Cette circonstance dont on ne tiendrait pas compte aujourd'hui, attira l'attention des Gaulois primitifs, qui ignoraient encore l'art de construire de grands ponts. Ils s'y fixèrent, parce qu'il y avait des

achetées en Espagne à celui qui les a trouvées près de Tolède, par les ordres de M. Fould et de M. le comte Walewski, ministres d'État.

îles, et parce que le lit du fleuve avait peu de profondeur. Voilà le germe de Paris. Quant à l'avenir superbe que les événements, dans leur marche, réservaient à ces humbles cabanes destinées à faire place à des palais et à des monuments, il est cette fois comme toujours le résultat du hasard. Les grandes villes furent toutes fondées sans préméditation ; elles ont surgi plus mystérieusement peut-être que ne naissent les truffes dans les plaines parfumées du Périgord. Elles ne sont pas, comme les montagnes, les détroits et les lacs, le produit de cataclysmes expliqués et justifiés souvent par la géologie. Ninive, Babylone, Thèbes aux cent portes, Syracuse, Carthage, qui ont été tour à tour la capitale de puissants empires, et qui ont vu briller et s'épanouir dans leur sein des civilisations parvenues à leur apogée, sont nées de la même façon. Elles ont renfermé des palais où les hommes ont donné des fêtes, peut-être plus brillantes et plus folles que les nôtres, elles ont possédé des monuments dans lesquels furent célébrées des cérémonies plus fastueuses et plus imposantes que celles auxquelles il nous est permis d'assister. Pendant longtemps on a mis en doute ces prodiges et on les a considérés comme des fables n'ayant jamais existé que dans l'imagination des poëtes et des historiens. Des voyageurs désireux d'exhumer le passé sont partis pour interroger les ruines qui jonchaient le sol, et les ronces qui entre-croisaient leurs immenses rameaux au-dessus des portiques et des palais éventrés. Les premiers ont été déçus dans toutes leurs espérances, mais d'autres plus heureux sont parvenus à percer les ténèbres. En Asie, ils ont ravi leur véritable sens aux inscriptions ; en Égypte, ils ont fait parler les sphinx.

Ces résultats sont, ainsi qu'on va le voir, incontestables, après les travaux entrepris à Ninive.

Ninive, capitale du royaume d'Assyrie, fondée 2640 ans avant Jésus-Christ, avait plus de dix lieues de circonférence ; elle était entourée de murs de 90 pieds de haut, et de tours trois fois plus élevées. Elle compta jusqu'à six cent mille habitants. Sa corruption égala sa puissance. Ses désordres allumèrent le courroux du ciel. On connaît la mission donnée par Dieu à Jonas. On lit dans la Bible que Jonas parcourut les rues de la ville en criant : « Dans quarante jours, Ninive n'existera plus. » Le repentir de ses habitants lui conquit son pardon. Après deux mille ans d'existence, elle fut prise et saccagée par un roi de Babylone, et disparut complétement ensevelie sous les ruines. Pendant longtemps ces faits extraordinaires, bien que consignés dans des livres sérieux, firent rire les sceptiques ; mais depuis quelques années des fouilles pratiquées par d'habiles et savants archéologues sont venues prouver qu'il n'y avait rien d'exagéré dans la magnificence attribuée à cette reine merveilleuse de l'Orient.

On sera peut-être surpris de l'insistance que je mets à parler des ruines des grandes villes disparues, alors que je me propose d'expliquer la naissance de Paris. On pourrait m'accuser de m'endormir dans les sépulcres, au lieu de m'agiter, ainsi que je le devrais, dans un berceau; j'espère prouver l'utilité de cette digression.

Les fouilles dirigées sur l'enceinte de l'ancienne Ninive ont mis à jour des débris de palais gigantesques, des statues, des bas-reliefs précieux, et des colonnades sans fin.

Nous possédons maintenant au Louvre dans la galerie du musée assyrien, toutes les choses précieuses trouvées par M. Botta, consul de France à Mossoul.

et amenées à Paris. On recule d'épouvante en face de ces taureaux ailés à face humaine [1], hauts de 4 mètres 20 centimètres, qui semblent, comme le dragon du jardin des Hespérides, garder les objets précieux qui les entourent.

Les cheveux et la barbe de ces taureaux sont bouclés, les oreilles ornées de pendants ; la tête est surmontée d'une tiare étoilée, couronnée par une rangée de plumes droites. Tout près, on découvre une figure colossale haute de plus de quatre mètres; les cheveux sont disposés en grosses boucles, la barbe frisée à plusieurs rangs. Le vêtement de ce colosse a la forme d'une tunique très-courte : de la main droite il tient une arme recourbée dont la poignée se termine en tête de génisse, tandis que de son bras gauche, il presse contre son corps un lion avec lequel il semble jouer, comme nous, pygmées d'à présent, nous jouerions avec un chat. Ces statues et plusieurs autres décoraient à Ninive un vaste palais entouré de colonnades, capable d'humilier la rue de Rivoli elle-même.

[1] Lire la notice rédigée par M. de Longperrier sur les antiquités assyriennes du musée du Louvre, découvertes à Khorsabad.

Toutes ces merveilles, témoins irrécusables d'une civilisation disparue, restèrent enfouies depuis l'an 300 avant Jésus-Christ jusqu'à l'an 1842, de notre ère; quelques livres mentionnaient bien ces merveilles ainsi que celles de Babylone [1], la rivale de Ninive, mais on n'y croyait pas. Voltaire lui-même y fut pris, et en plaisanta fort spirituellement l'importance dans son charmant conte de *Formosante, princesse de Babylone*. Les voyageurs qui traversaient la contrée où avaient existé ces deux villes n'y ajoutaient pas foi davantage. La science courageuse a dissipé toutes ces erreurs, d'ailleurs très-excusables, et a reconstruit pour ainsi dire ces capitales, où vinrent s'étaler le luxe oriental et tous les désordres qu'il entraîne. Il n'est plus permis de douter qu'à cette place restée déserte depuis tant de siècles, a fleuri une cité orgueilleuse qui recéla toutes les richesses du monde. Ces pierres, ces tronçons de colonnes, ont formé des palais et des por-

---

[1] La scène de l'opéra de *Sémiramis* se passe à Babylone. L'Opéra a placé dans le palais de cette reine les ornements du palais de Ninive copiés par les décorateurs au musée assyrien du Louvre. Il n'y a point là d'anachronisme, par la raison que l'architecture de Babylone, avait une analogie presque complète avec celle de Ninive.

tiques sous lesquels des rois, comme l'a dit Voltaire dans *Zaïre*, ont pu gouverner leur pays au sein des voluptés, sous lesquels des courtisanes, des baladines et des tyrans, après avoir arraché son dernier mot à la luxure, après avoir abusé de tous les vices, sont tombés dans la dégradation et rentrés dans la poussière.

La foule qui se presse chaque jour dans le musée assyrien éprouve un sentiment étrange en contemplant ces débris de Ninive, près desquels sont passés Cyrus, Alexandre le Grand, Xénophon et plus tard les Mages qui vinrent saluer Jésus dans la crèche de Bethléem. Ces statues sont bien l'œuvre d'hommes dénués de notions précises en religion et en philosophie et ne devant, par cette raison, estimer que la force brutale. Il faut voir avec quelle crudité ils surent la reproduire. Ce tribut à la force se lit partout, non-seulement dans les proportions de ces statues, mais encore dans cette physionomie fatale, stupide et basse qu'expriment uniformément toutes les figures. Les Assyriens comme les Égyptiens ignorèrent la grâce que les Grecs, nos maîtres éternels, surent les premiers ravir au ciel, pour en offrir aux hommes ravis et charmés les modèles les plus purs et les plus parfaits. Gœthe a poétiquement exprimé cette idée, quand il a dit que c'étaient les Grecs qui avaient fait le plus beau rêve sur la terre.

CHAPITRE II

AGRANDISSEMENTS SUCCESSIFS DE PARIS

Je reviens au roi Clovis, que j'ai laissé dans le palais des Thermes. Ses successeurs, trouvant la place agréable, y restèrent pendant longtemps. On ignore absolument ce qu'y firent les Clotaire, les Childebert et les Childéric, qui semblent avoir pris à tâche d'embrouiller les premiers siècles de notre monarchie, et de justifier le mot de cette femme spirituelle qui avouait que, pour elle, l'histoire de France ne commençait qu'à Hugues Capet, avec une légère note toutefois pour Charlemagne.

La plupart de ces rois, quand ils ne cherchaient point querelle à leurs voisins, se livraient aux douceurs de la fainéantise. Il est impossible, même avec une chronologie à la main, de les suivre dans ce chassé-croisé perpétuel qui les fait aller de Neustrie en Austrasie, de Paris à Metz et de Metz à Soissons. Ces rois nomades n'ont pas régné. Ils se sont agités sans gloire et sans éclat, semblables à des courriers fourvoyés chevauchant à travers la campagne. Il va sans dire que, pendant leurs règnes, Paris ne vit pas grossir le nombre de ses cabanes.

Il importe de faire une exception en faveur du roi Dagobert, qui a laissé une physionomie assez originale. Ce bon roi aima passionnément les femmes, la chasse et le luxe. Les chroniques l'ont surnommé le *Salomon des Francs*. Il entretint trois reines à la fois, et une foule de concubines. Éloi, son ministre, ne lui épargnait point la morale. Dagobert l'écoutait, et pour racheter ses fautes, fondait des monastères et des abbayes qu'il comblait de présents ; mais il ne renonçait pas aux plaisirs.

De vieilles chroniques rapportent que ce roi se promenait souvent en bateau, jetant les regards sur Paris et regrettant d'avoir pour capitale une si modeste cité. Il ne fit rien pour l'agrandir, mais il faut lui savoir gré du désir qu'il en eut. Dagobert sortant du palais des Thermes, traversait la Seine et se faisait conduire à la lisière d'un grand bois arrivant jusqu'à la rive du fleuve, à cet endroit où est aujourd'hui la colonnade du Louvre, en face l'église Saint-Germain l'Auxerrois. C'est là qu'était situé un chenil royal. Ses chiens aboyaient à son approche ; on les lâchait dans le bois pour attaquer les loups. Louvre vient évidemment de *Lupus*, Lupa, loup, louve, Louvre. Les étymologistes qui inclinent pour un autre sens n'ont pas l'ombre d'une raison à donner.

Dagobert est particulièrement connu pour avoir mis sa culotte à l'envers. Une chanson stupide, plus chantée que ne sont lues les sublimités d'Homère, de Sophocle, de Virgile, de Shakespeare et de Corneille, a répandu dans le monde cette espièglerie. Il y a quarante raisons pour que ce monarque n'ait pas mis sa culotte à l'envers. La première c'est que les culottes n'étaient pas encore en usage. On me dispensera, je pense, d'énumérer les trente-neuf autres [1].

[1] Dans les *Commentaires de César,* il est parlé de : *Gallia*

Malgré mon vif désir d'arriver à notre Paris actuel, il me faut, pour la parfaite intelligence de mon sujet, traverser rapidement les âges et placer des jalons à tous les instants de l'histoire qui témoigneront de faits ayant contribué à faire Paris ce qu'il est. Cette digression ne sera point longue. J'en ai fini avec les Mérovingiens, et je ne dirai qu'un mot des Carlovingiens. Sous cette race, au dire du bénédictin Aimoin, chroniqueur mort en l'an 1008, Paris resta stationnaire. Charlemagne le fit même déchoir en transportant sa capitale à Aix-la-Chapelle. Après cet empereur, il fut saccagé plusieurs fois par les Normands.

Il faut passer tout de suite à Hugues Capet qui, en 987, abandonna le palais des Thermes et alla s'installer dans le palais de la Cité, situé sur l'emplacement du Palais de Justice.

Philippe-Auguste contribua beaucoup à l'agrandissement et à l'embellissement de Paris. Il habita ce même palais de la Cité. On vit sous son règne s'élever un grand nombre d'églises. Il aimait passionnément les constructions. Il fit réparer les aqueducs, il établit

braccata. Ce détail ne me paraît point établir l'existence de la culotte. La braie n'était pas la culotte.

des fontaines et ordonna le premier de paver les rues. Son œuvre la plus importante fut la construction d'une nouvelle enceinte de la ville. Cette enceinte, flanquée de cinq cents tours et percée de treize portes, était formée par un mur de huit pieds d'épaisseur. Elle fut commencée en 1190 et à peu près terminée pendant la croisade qu'il fit en Palestine contre les Sarrasins [1]. On a retrouvé en 1860, dans le quartier Montorgueil et dans la rue Soufflot, deux tours à peu près intactes, perdues au milieu de cloaques sans air et sans jour, qui avaient fait partie de l'enceinte dite de Philippe-Auguste. On a dû les abattre, parce qu'elles n'étaient pas comprises dans l'alignement des rues nouvelles ouvertes dans ces deux quartiers.

C'est sous le règne de ce même Philippe-Auguste que fut élevée la cathédrale de Notre-Dame, construite à l'extrémité de l'île de la Cité, sur les débris de deux églises élevées dès le quatrième siècle.

La première pierre de Notre-Dame avait été posée en 1163 par le pape Alexandre III, alors réfugié en France. Le grand autel fut consacré le mercredi d'après la

---

[1] Consulter sur ce point Rigard, son historien.

Pentecôte de 1182, par le cardinal Henri de Château-Marçay, légat du Saint-Siége, et par l'évêque Maurice de Sully. On y célébra l'office divin dès 1185. Il fallut plus de deux siècles pour achever cette magnifique cathédrale. En 1313, Philippe le Bel employa à son achèvement les biens confisqués aux Templiers.

Je n'en dirai pas davantage sur cette merveille, et je renverrai le lecteur à la belle description qu'en a faite M. Victor Hugo. Il n'y a rien à ajouter après lui.

Le grand autel de Notre-Dame a été changé pour l'exécution du vœu de Louis XIII. Les travaux exigés pour la réalisation de ce projet ont duré de 1699 à 1708 [1].

Saint Louis habita le palais de la Cité, près duquel il fit construire la Sainte-Chapelle pour recevoir la couronne d'épines qu'avait portée Notre-Seigneur Jésus-Christ, et une portion considérable de la vraie croix. Cette chapelle, qu'on devrait mettre au nombre des plus rares merveilles du monde, fut construite par Pierre de Montereau.

« Comme Louis IX (saint Louis), roi pieux, faisait,

---

[1] Lire à ce sujet la notice de Germain Brice, volume III, page 262. On trouvera des détails complets sur ces travaux.

» dit Germain Brice, historien de Paris, sa résidence
» dans le palais de la Cité, il fit bâtir cette chapelle
» au milieu, pour vaquer plus exactement à ses dévo-
» tions et pour y conserver les précieuses reliques qu'il
» avait tirées des mains des Vénitiens. »

Les chroniqueurs du temps donnent de grands détails sur ces reliques pour lesquelles Louis IX fit construire la Sainte-Chapelle. Ces reliques furent enfermées dans une châsse de bois doré. Voici, selon ces chroniqueurs, en quoi elles consistaient :

« *La Couronne d'épines de Notre-Seigneur et quelques gouttes de son sang précieux dans un grand vase de cristal de roche, enrichi de gros rubis.*

» *Une grande portion du bois de la vraie croix.*

» *Du sang sorti miraculeusement d'une image de Notre-Seigneur frappée par un infidèle.*

» *Un anneau de fer de la chaîne dont il fut lié.*

» *Le linge dont il essuya les pieds aux apôtres le jour de la Cène.*

» *Une partie de la pierre de son sépulcre.*

» *Du lait et des cheveux de la sainte Vierge.*

» *Le fer de la lance dont le côté de Notre-Seigneur fut percé.*

» *La robe de pourpre dont on le vêtit.*

» *Le roseau qu'on lui mit dans la main.*

» *Une partie du suaire dans lequel il fut enveloppé.*

» *Une croix*, que nos ancêtres portaient avec *l'ori-*
» *flamme*, qui était conservée à Saint-Denis, lorsqu'ils
» allaient à des expéditions « de conséquence », et
» que l'on nommait la croix des Victoires. »

Ces reliques furent offertes par Baudouin II, empereur de Constantinople, qui, se voyant épuisé d'argent, dénué de toute espérance, et attaqué par les Grecs et les Bulgares, vint en France confesser ses malheurs à saint Louis. Déjà à ce moment-là une partie des reliques avait été remise, à titre de gages, à Albertin Morosini, podestat de Venise, et à d'autres Vénitiens de distinction, qui avaient en échange prêté quelques onces d'or.

Saint Louis, emporté par son ardente foi, voulut arracher ces reliques aux mains des trafiquants ; il envoya à Constantinople et à Venise deux frères prêcheurs, avec mission de les ramener en France. Il écrivit à Frédéric, empereur d'Allemagne, pour le prier de donner un sauf-conduit sur ses terres, par où les religieux devaient passer.

Ils arrivèrent heureusement. Saint Louis, accompagné de la reine Blanche, sa mère, du comte d'Artois, son frère, et des seigneurs de sa cour, alla au-devant de ce précieux trésor jusqu'à Sens. Le roi, vêtu d'une robe de bure, nu-pieds, et entouré d'évêques et de prêtres, porta les reliques dans la cathédrale ; puis, peu de temps après, il les fit amener à Paris.

Ces reliques furent pendant longtemps l'objet d'une grande vénération. Louis XI, qui craignait beaucoup la mort, en fit venir en 1483 la plus grande partie au château de Plessy-lès-Tours, où il était malade. Il les avait près de lui, ainsi que la sainte Ampoule de Reims, lorsqu'il rendit le dernier soupir. Les reliques de la Sainte-Chapelle ne furent par la suite retirées de leur châsse que pour les processions solennelles faites sous les rois François Ier et Henri II, en réparation de plusieurs impiétés commises en ce temps-là par les hérétiques.

Hélas! je sais bien que je ferai sourire avec les détails qui précèdent. Je laisse railler tout à leur aise les incrédules et les forts, et je me contenterai pour toutes représailles de leur rappeler que les artistes qui ajoutaient foi à ces naïvetés savaient faire flamboyer les pierres et élever des merveilles comme la Sainte-Chapelle, tandis qu'eux, les incrédules et les forts, semblent ignorer ce grand art, et se contentent de construire des gares et de trouver des mots au dessert. Les preux d'aujourd'hui ne partiraient pas en croisade, mais ils iraient au bout du monde, armés de canons rayés, pour ramener du coton au Havre et à Liverpool. Je préférerai toujours les croisades à de telles expéditions.

En 1618, un grand incendie détruisit la toiture de la Sainte-Chapelle. On dit que cet incendie eut pour cause un feu allumé pour brûler les pièces du procès de Ravaillac. Boileau, le chantre du *Lutrin*, fut enterré dans ce saint lieu.

L'enceinte de Paris fut agrandie sous le roi Charles V. La ville s'étendit vers le nord. Ce roi fit construire la Bastille Saint-Antoine, qui exista jusqu'au 14 juillet 1789. Il fit aussi construire l'hôtel Saint-

Paul, rue Saint-Antoine, qui devint la demeure des rois. Il fit travailler au palais du Louvre.

Sous Charles VII, l'hôtel Saint-Paul avait cessé d'être la résidence des rois. Il fut remplacé par le palais des Tournelles, situé sur le terrain placé aujourd'hui entre le boulevard, la rue Saint-Gilles et la rue Saint-Antoine.

Le palais des Tournelles fut démoli par ordre de Catherine de Médicis à la mort de Henri II, tué par Montgommery dans un tournoi qui eut lieu près de ce même palais. Plus tard, sur son emplacement, Henri IV fit construire la Place Royale. Catherine de Médicis fit élever l'hôtel de Soissons à l'endroit où est située aujourd'hui la Halle-au-Blé. Elle y habita avec Charles IX.

François Ier, Henri II, François II, Charles IX et Henri III firent édifier le Louvre; Catherine de Médicis fit commencer le palais des Tuileries, qui fut achevé par Louis XIV.

Ce roi après les scènes de la Fronde quitta les Tuileries.

Le siége du gouvernement, transporté à Versailles, y resta jusqu'au 6 octobre 1789.

CHAPITRE III

LES RIVALES DE PARIS

Cette esquisse rapide suffira, je l'espère, pour rappeler à grands traits à l'esprit les transformations successives de Paris, et faire comprendre comment cette petite ville des Gaules, qui fut pendant des siècles moins importante que Lyon, Toulouse, Rouen, Sens, Soissons, Metz et tant d'autres cités que j'oublie, acquit enfin la suprématie qu'elle possède à présent, d'une façon si absolue.

Il en fut ainsi parce que le développement de cette ville capitale éprouva le contre-coup des obstacles que rencontra dans sa formation l'œuvre difficile et lente de l'unité française. Les premiers rois de la troisième race eux-mêmes eurent pendant longtemps de grands démêlés avec les seigneurs puissants, dont ils se disaient les suzerains, et qui demeuraient en état de rébellion perpétuelle contre leur autorité. Pendant tout le moyen âge ces pairs orgueilleux du royaume, qui étaient les ducs de Normandie, de Bourgogne et d'Aquitaine, les comtes de Champagne, de Flandre et de Toulouse, et les pairs ecclésiastiques, les archevêques de Reims et de Sens, et les évêques de Noyon, de Beauvais, de Châlons et de Langres, furent en réalité de petits rois fort despotes, gouvernant chacun à leur manière, et entretenant autant de petites cours autour desquelles gravitaient les supériorités locales. Ces pairs rendaient hommage à leur suzerain, le roi de France; mais, cette formalité une fois accomplie, ils n'avaient point d'autre rapport avec lui et se souciaient fort peu de ce qui se passait dans la capitale.

Louis XI et Richelieu, par leur politique, abattirent la féodalité et constituèrent l'unité française. Les alliances des souverains avec des princesses qui apporlèrent en dot de fort belles provinces rattachées à la couronne, achevèrent cette œuvre gigantesque. Dès que le sol de la France cessa d'être autant morcelé, on vit aussitôt paraître le germe de la centralisation. Le roi de France, qui jusque-là n'avait statué que pour Paris et son territoire, fit des ordonnances qui concernèrent la France entière. Ces lois promulguées à Paris, et auxquelles durent se soumettre toutes les autres villes du royaume, imprimèrent à la capitale le premier signe de sa supériorité future. A partir de cet instant Paris vit croître son importance, et décroître celle de ses rivales. Mais ce changement s'opéra très-lentement, et ne devint réellement sensible et appréciable que vers le dix-huitième siècle. Jusque-là, certaines villes rivales purent résister et conserver un reste de splendeur, d'éclat et d'importance.

L'Italie, qui n'a pu jusqu'à présent s'unifier, justifie cette appréciation. Elle possède quatre grandes villes, Rome, Naples, Florence et Venise, rivales par les arts et la puissance. Si un conquérant avait pu au moyen âge conquérir cette péninsule, et choisir Rome pour sa capitale, Florence, Venise et Naples, eussent vu disparaître leur importance, et ne seraient plus depuis longtemps que des chefs-lieux de province, comme le sont maintenant toutes ces villes de France éclipsées par Paris.

Si l'on prend la peine de lire avec soin l'histoire de France, on remarquera qu'un des actes qui contribuèrent le plus a conquérir à Paris sa supériorité, fut l'édit rendu en 1302 par Philippe le Bel fixant le siége du Parlement dans cette ville. Jusque-là cette assemblée avait été *ambulatoire*, et suivait le roi dans ses excursions belliqueuses, pour rendre la justice à ses côtés. En décidant que le Parlement siégerait à Paris, Philippe le Bel fit la première application du système de la centralisation. Les villes jusque-là pourvues d'autorités locales pour statuer sur les questions importantes, furent obligées, dans certains cas, d'en référer à Paris. De cette façon il rendit ces villes en quelque sorte tributaires de la capitale [1]. Voltaire dans son *Histoire du Parlement*, s'étend longuement sur cette révolution administrative et judiciaire accomplie par Philippe le Bel.

En même temps qu'il fixait le Parlement à Paris,

---

[1] Lire Voltaire, *Histoire du Parlement*, chap. II.

Philippe le Bel, chargea des commissions, prises dans le sein du Parlement, du soin d'aller tenir deux fois par an la cour de *l'Échiquier* à Rouen, *les Grands Jours* à Troyes, et un Parlement à Toulouse [1].

Ce premier essai du système de centralisation fut pendant longtemps un fait isolé. Les diverses provinces de la France restèrent complétement étrangères à Paris. Quand plus tard elles furent rattachées à la couronne, par suite de conquêtes, d'alliances ou de traités, il leur fut permis de conserver leurs mœurs particulières, leurs coutumes et leur administration. Il en était encore ainsi au dix-huitième siècle, ce qui faisait dire à Voltaire qu'en France on changeait de lois comme de chevaux de poste. Certe, c'était là un grave inconvénient; mais cet inconvénient présentait des compensations. Ainsi les villes conservaient leur physionomie et, bien que tributaires de Paris comme capitale, elles n'abdiquaient pas entièrement. Les illustrations locales, qui brillaient dans les diverses

---

[1] Consulter Voltaire, le président Hénault et Mezeray pour se rendre compte du rôle purement politique qui fut par la suite assigné au Parlement de Paris, dont les prérogatives portèrent quelquefois ombrage à l'autorité royale elle-même.

carrières restaient fidèlement attachées à leur pays. De là naissait une émulation salutaire qui produisit réellement de fort beaux résultats.

La centralisation rigoureuse, absolue et peut-être un peu tyrannique qui nous régit aujourd'hui date de la révolution de 1789. Elle fut complétée par le premier Empire et par les divers gouvernements qui l'ont suivi ; c'est elle qui a fait de Paris la tête et le cœur de la France. Depuis vingt ans ce système de la centralisation, secondé par les chemins de fer, qui aboutissent tous à Paris, a produit la ville gigantesque, la cité prodigieuse dont je voudrais pouvoir esquisser le tableau.

Mais la centralisation et l'achèvement des chemins de fer, en créant cette ville formidable, ont en même temps prononcé la déchéance à peu près complète de toutes les autres villes de la France. Paris est le Minotaure qui menace de les dévorer. Autrefois les illustrations provinciales brillaient là où le hasard les avait fait naître. Lyon, Toulouse, Rouen, Bordeaux, Sens, Dijon, Troyes, produisirent de grands savants, de grands jurisconsultes, de grands écrivains, de grands artistes qui daignèrent rester dans leurs villes natales. Ces villes étaient autant de centres scientifiques et littéraires qui tour à tour, et à diverses époques, atteignirent un haut degré de splendeur. Les esprits supérieurs n'étaient point alors tourmentés, comme ils le sont à présent, du désir irrésistible de venir briller à Paris, qui ne possédait d'ailleurs pas encore son prestige d'aujourd'hui.

Il faut sur ce point entrer dans quelques détails que je m'efforcerai d'abréger. Qu'on ne croie pas surtout que je cède à la manie de citer, que je sacrifie à ce que j'appellerai la puérilité de l'érudition. Ce que je vais dire est absolument nécessaire à la compréhension parfaite de l'opinion, en apparence subtile, que je voudrais faire accepter.

Bien avant que la centralisation ne fût connue et alors qu'elle ne pouvait encore favoriser Paris, il y avait dans beaucoup de villes de province des intelligences supérieures, des esprits éminents dans tous les genres, qui se contentaient d'une renommée provinciale, d'une célébrité de terroir. Ainsi Montaigne, cette gloire du seizième siècle, vécut presque toujours à Bordeaux, et ne vint que très-rarement à Paris, où l'appelait cependant l'amitié de Henri II, de

Charles IX, de Catherine de Médicis et de Henri III. Il restait dans sa ville, au milieu d'amis illustres, parmi lesquels il faut citer Étienne de La Boëtie, qui lui aussi ne songea guère à Paris. Étienne Pasquier, le célèbre jurisconsulte, l'austère savant, qui vivait à la même époque, ne connut Montaigne, son contemporain, qu'aux états de Blois, où il avait suivi le roi Henri III. « Ce fut à Blois, dit M. Léon Feugère, dans ses études sur le seizième siècle, qu'Étienne Pasquier rencontra pour la première fois Montaigne, et que dans la cour du château, il se plut maintes fois à s'entretenir avec lui de lettres et de philosophie. »

Dans cette même étude de M. Feugère sur Étienne Pasquier, je trouve encore d'autres détails sur l'élégance de certaines villes de province, qui aujourd'hui ne la possèdent certainement plus, et ne la posséderont jamais. Voici ces détails que je cite textuellement d'après M. Feugère :

« Le goût de Pasquier pour les lettres, la réputation qu'elles lui avaient acquise, les charmes de cette intimité intellectuelle qui unissait alors beaucoup d'âmes d'élite et d'esprits supérieurs, se montrèrent surtout à l'occasion des *grands jours*[1] de Poitiers et de Troyes, deux circonstances fameuses dans la vie de Pasquier et dans l'histoire littéraire du seizième siècle.

» Poitiers, dont les derniers *grands jours* avaient eu lieu en 1567, fut *honoré* en 1579 d'une nouvelle commission de ce genre, présidée par Achille de Harlay. Dans les registres du Parlement, conservés aux archives du Palais, on peut voir, à la date du 14 août de cette année, « les lettres patentes présentées » à cet effet par les gens du roi; » leur vérification est du 30. Sur ces *grands jours* il n'existe d'ailleurs aucun document officiel; et tout ce qui nous en est connu, nous le savons par Pasquier, qui, ami de Harlay, alors président aux enquêtes, fut en cette occasion *l'un de ses soldats*.

» Pasquier sut, à Poitiers de même qu'à Paris, donner quelques heures aux lettres et à la société de ceux qui les cultivaient : alors la vie littéraire était loin *d'être bannie de nos provinces;* elle avait principalement *un foyer actif* dans celles du centre et du

---

[1] On sait ce que l'on entendait par les *grands jours*. Il n'y en eut plus depuis ceux de Clermont en Auvergne, que la relation de Fléchier a rendus si célèbres.

midi. Sa première visite fut pour Scévole de Sainte-Marthe, savant et poëte comme lui, l'un de ses plus assidus correspondants ; et celui-ci le présenta aussitôt dans une maison qui, suivant le langage allégorique du temps, semblait *le vrai temple des muses*, chez les dames des Roches, mère et fille. Ce fut là que l'occasion la plus frivole fit naître le recueil de vers connu sous le nom de *la Puce*, qui peut être rangé au nombre des ouvrages de Pasquier, parce que celui-ci y eut la plus grande part.

» Les *grands jours*, on n'en sera donc pas surpris, *animant d'une vie nouvelle les provinces, étaient des occasions de joutes offertes aux beaux esprits :* ils les saisissaient avec ardeur. Une foule d'éloges, de harangues, de vers latins et autres avaient coutume de s'y produire. C'est ce qu'on vit encore, peu d'années après les *grands jours* de Poitiers, à ceux de Troyes, où Pasquier ne figura pas avec moins d'honneur.

» Il s'y rendit en 1583, à la suite du conseiller d'État de Morsan, président de la commission : l'ancienne capitale des comtes de Champagne avait conservé, vers la fin du seizième siècle, une partie de son importance et de sa richesse d'autrefois. »

Ainsi donc, il ressort de cette citation qu'Étienne Pasquier quittant Paris, retrouvait en province, à Troyes, à Poitiers, des centres étincelants, animés de la vie littéraire, où de beaux esprits devisaient avec talent. Troyes, l'ancienne capitale des comtes de Champagne, conservait encore au seizième siècle une partie de son importance. Hélas! loin de moi l'intention de médire des honorables habitants de Troyes; cependant il ne faudrait plus leur demander ces raffinements délicats dont le culte était encore si fervent au seizième siècle. Interrogez MM. les conseillers de la cour impériale de Paris qui vont à Troyes, non pas tenir les *grands jours*, mais présider la cour d'assises: que font-ils le soir pour se reposer des fatigues de l'audience? Je suis sûr qu'ils éprouvent beaucoup de peine pour organiser une partie de whist [1].

Si j'interroge l'histoire de Toulouse, je trouve dans cette ville l'Académie des *jeux floraux*, la plus ancienne institution littéraire de l'Europe, fondée à Toulouse, sous le nom de *Collége du gai sçavoir*, en 1323, restaurée par *Clémence Isaure* vers 1484, enfin

[1] Lire encore à ce propos les savantes études de M. Oscar de Vallée sur les illustrations de la magistrature et du barreau.

érigée en académie par Louis XIV. On sait la mode et la vogue que posséda longtemps cette succursale du Parnasse vers laquelle émigrèrent tous les beaux esprits, qui s'y plaisaient à ce point de se croire transportés dans le sacré vallon en compagnie d'Apollon et des neuf muses. Des poëtes d'un grand mérite ne dédaignèrent pas de concourir pour mériter l'amarante, la violette, l'églantine d'or ou le souci d'argent. Fabre d'Églantine, l'auteur du *Philinte de Molière*, était fier d'y avoir triomphé. Les jeux floraux existent encore, mais les poëtes n'y font plus attention. Il n'est pas de *nourrisson des muses*, si ardent, si téméraire qu'il soit, qui ne préfère à ce concours la publicité du plus petit journal imprimé à Paris. Nos aïeux n'étaient pas de cet avis. Ils tenaient en grand respect l'Académie des jeux floraux.

Si l'Académie de Rouen fut cette bonne fille qui n'aima point à faire parler d'elle, sa rivale de Dijon agissait tout autrement. Elle fit assez de bruit au dix-huitième siècle. Jean-Jacques Rousseau concourut deux fois pour le prix proposé par l'aréopage de Dijon. En 1749, il y envoya son singulier discours sur l'*Influence du progrès des arts et des sciences*, et, en 1753, un autre discours célèbre sur l'*Origine de l'inégalité parmi les hommes*. De nos jours, les dialecticiens, les logiciens et les lettrés concourent pour les prix proposés par l'Institut, mais aucun parmi eux ne songe aux prix proposés par les académies de province, qui comptent cependant des esprits éminents, des hommes remarquables et tous plus ou moins désireux d'arriver à Paris.

Je pourrais multiplier à l'infini ces citations, mais je crois en avoir assez dit pour établir ce point important, que jusqu'à la fin du dix-huitième siècle, c'est-à-dire jusqu'à l'époque où sont écloses les institutions nouvelles qui ont fait Paris ce qu'il est, il compta en province des villes rivales affichant la prétention, parfaitement justifiée, d'être autant de foyers d'intelligence, de savoir et de lumière. Si ces foyers ne sont pas éteints, il faut convenir qu'ils sont singulièrement éclipsés.

Il s'agit maintenant d'expliquer pourquoi il dut en être ainsi, ce que je vais faire en parlant de cet accroissement formidable et rapide que l'avénement de la centralisation et l'exécution des chemins de fer imprimèrent à Paris.

CHAPITRE IV

DE LA CENTRALISATION ET DES CHEMINS DE FER

Le Paris turbulent que nous avons sous les yeux s'est formé en très-peu de temps. Son développement s'est opéré avec une soudaineté qui ne lui a rien conservé de sa physionomie du dix-huitième siècle. Le tableau que Mercier en a tracé n'offre plus un seul trait ressemblant. Les mœurs des habitants ont changé autant que l'aspect des maisons et des quartiers. Il y a aussi loin du Paris de 1860 au Paris du dernier siècle, que de celui-là à celui de Charles V.

Les boulevards intérieurs qui forment à présent le

centre du Paris moderne, servaient sous Louis XV
de limite et de barrière. La porte Saint-Martin et la
porte Saint-Denis formaient deux grandes entrées.
Toute cette portion de la ville située sur la droite de
ces boulevards, quand on les descend de la Bastille à la
Madeleine, n'existait pas. La Grange Batelière, où est
bâti l'Opéra, fut un marais jusque sous Louis XVI.
Les grands seigneurs et les fermiers généraux y
avaient édifié leurs petites maisons. On peut lire dans
les mémoires de Bachaumont la description des soupers
somptueux que les filles d'Opéra et les comédiennes à
la mode y donnaient à leurs familiers. L'une d'elles,
surnommée la *petite Lolo*, fit manger à d'Alembert
des poules d'eau tuées le jour même dans les marais
de la Grange Batelière, aux alentours de sa demeure.

Le Paris à la mode, qui, sous Henri IV et
Louis XIII était à la place Royale, gagna le Marais
sous Louis XIV, puis le faubourg Saint-Germain, puis
enfin le Palais-Royal. Sous l'Empire et sous la Restauration, ce quartier, animé par les jeux, et par les
demoiselles qui traînaient le soir leurs toilettes tapa-
geuses sous les Galeries de bois, fut le rendez-vous des
flâneurs et des étrangers. La vogue du Palais-Royal

déclina vers 1830. La foule se porta du côté du palais.
de la Bourse, puis de la rue Vivienne. Depuis quinze
ans la vogue est acquise aux boulevards, du passage
des Panoramas jusqu'à la Madeleine. Cette vogue est
telle, que pour ainsi dire on se porte à cet endroit.

Cet accroissement rapide, prouvé par le rapprochement des chiffres de la population, a eu pour cause, ainsi que je l'ai dit, la centralisation, puis l'achèvement des chemins de fer.

Je ne m'étendrai pas sur le système de la centralisation. On sait en quoi il consiste : je ne risquerai que quelques réflexions sur ses inconvénients. Le dernier mot de ce système est d'amener fatalement à Paris tout ce qui naîtra d'intelligent et de supérieur en France, et par conséquent de dépeupler les départements. Ainsi en politique, dès qu'un homme, où qu'il soit né, prouvera qu'il y a en lui un orateur, un administrateur, un financier, un économiste, il sera appelé à Paris pour siéger dans une assemblée délibérante, pour entrer dans la magistrature, ou pour être attaché à un ministère, à une faculté, à une grande administration soit publique soit privée.

Dans les sciences et dans les lettres, dès qu'un

écrivain ou un savant se sentira animé du feu sacré, il viendra à Paris où il sera sûr de briller d'un éclat plus vif qu'en province.

Dans les arts, dès qu'un peintre, un sculpteur, un compositeur, un artiste lyrique ou dramatique aura la conscience de sa valeur, il viendra à Paris où abondent les conservatoires, les théâtres et les écoles transcendantes qui envoient leurs lauréats à Rome et à Athènes.

Si ce mécanisme de la centralisation n'attirait Paris que les esprits éminents, tout serait pour le mieux ; mais par malheur il y a tous les faux mérites amoureux de leur personne, comme le beau Narcisse, qui grossiront toujours les rangs de ces phalanges d'ambitieux venant chercher à Paris la fortune et la gloire. En vain le gouvernement, dans sa sage prévoyance, entretient partout des écoles de droit, de médecine, de sciences et de lettres dirigées par d'éminents professeurs. Ces pauvres fourvoyés les fuient pour venir dans la grande ville conquérir leurs diplômes, et avoir le droit de signer sur leurs ordonnances et leurs consultations : Médecin, avocat, pharmacien, etc., de la faculté de Paris. Je n'insisterai pas davantage sur ces inconvénients qui ont été signalés et étudiés dans une foule de brochures et de volumes excellents, mais je constaterai avec regret que, plus nous avançons, plus ces inconvénients persistent à produire, pour ainsi dire, une congestion à Paris, où les capacités se pressent et s'étouffent, et une paralysie en province, où le talent finira par faire défaut, si on ne remédie pas énergiquement à ce malentendu. Les économistes qui perdent leur temps à soutenir que les bras manquent dans les campagnes pour cultiver la terre, en feraient un plus salutaire usage en démontrant que de nos jours les ténors sont payés trop cher, et en prêchant, sans cesse et toujours, qu'il faudrait non pas *encourager* les lettres et les arts, mais les *récompenser;* qu'on ne devrait jamais aller au-devant des vocations douteuses, qu'il conviendrait au contraire d'attendre, pour leur venir en aide, qu'elles se fussent affirmées par une œuvre quelconque.

J'entends d'ici les clameurs que cette cruauté soulève. On va m'objecter que mon système étouffera dans le germe les intelligences timides. Je demanderai la permission de ne tenir aucun compte de cette objection. L'expérience a prouvé que le génie et même le talent étaient de nature incompressible. Il en est des esprits comme des graines. Il y a des graines qu'on sème dans des serres chaudes et qu'on ne peut faire éclore ; d'autres, tombées du bec d'un oiseau, ou soulevées par le vent, se fixent sur le portail d'une cathédrale et brisent les pierres pour pousser. Un esprit doué de génie, ou simplement de talent, se développera toujours, quel que soit le milieu dans lequel on le placera. Les plus grands hommes sont presque tous nés en dehors des écoles et des académies. Quant à ces médiocrités honorables que mon système ferait avorter, il n'y a vraiment pas lieu de s'apitoyer sur leur sort. Le temps n'est plus où la société devait savoir gré à un esprit de penser. Nous avons trop de penseurs. J'estime, pour ma part, qu'un homme qui laboure au soleil et dont le travail vaudra à la société dix sacs de blé, est plus utile à son pays et à ses semblables que votre très-humble serviteur, qui a consacré quatre mois de veilles à la confection de ce livre.

Cet encombrement, résultant de la centralisation, fut excessif et gênant sous le gouvernement de Louis-Philippe ; mais ce fut bien autre chose à l'avénemen de l'empereur Napoléon III, alors que les chemins de fer français et étrangers furent achevés. A partir de cet instant, Paris perdit toute proportion humaine et vit ses rues et ses maisons inondées par une perpétuelle grande marée de passants et de flâneurs. Les Parisiens sédentaires furent menacés d'un engloutissement complet. La population flottante, qui avait été jusque-là de vingt à trente mille âmes amenées par les diligences, ne tarda point à atteindre le chiffre de deux cent cinquante mille personnes amenées par ces trains de chemins de fer qu'on pourrait appeler des villes roulantes. L'encombrement fut extrême, la circulation interdite. Les rues furent trop étroites, les maisons insuffisantes. Sur les boulevards on voyait passer, non pas des Parisiens, mais des phalanges de Normands, de Picards, de Bourguignons et d'Alsaciens, amenés par les trains du matin. Aujourd'hui c'étaient les habitants d'Angers accourus pour entendre la *Favorite*; le lendemain, les Lyonnais s'emparaient de la Comédie-Française pour entendre Mlle Plessy dans le *Jeu de l'amour et du hasard ;* les Rouennais débarquaient à l'Odéon pour applaudir le drame de leur compatriote, M. Louis

Bouilhet. Cette population était d'autant plus tyrannique et gênante, qu'elle était abondamment pourvue d'argent. Dans la journée, ces flâneurs accaparaient toutes les voitures ; à six heures, toutes les tables et tous les morceaux délicats dans les restaurants ; à huit heures, toutes les bonnes loges des théâtres ; à minuit, tous les sorbets et... le reste. Quant aux Parisiens, fatigués par ce surcroît de tumulte, et déçus dans tous leurs projets, ils durent prendre le parti de se réfugier chez eux.

Aux provinciaux vinrent s'ajouter les étrangers ; ces nouveaux visiteurs mirent le comble à l'assourdissement. On n'entendit plus parler que l'anglais, l'allemand, l'italien, le brésilien, le mexicain, le valaque, etc... Paris fut proclamé la capitale de la MEXICO-VALACHIE ; quelques rentiers paisibles se crurent au pied de la tour de Babel après le miracle de la confusion des langues.

Il ne faudrait point se méprendre sur la portée de la querelle que je fais en ce moment aux étrangers. De tout temps, ils contribuèrent dans une large part à la prospérité et à la splendeur de Paris. Il faut leur savoir gré de la constance avec laquelle ils viennent chez nous chercher des loisirs inconnus dans leurs capitales et dépenser leurs revenus. Beaucoup parmi eux font honneur même aux Parisiens par leurs grandes manières, leur grande tournure et leur distinction. Mais jusqu'à l'époque dont nous parlons, ces étrangers consentaient à se faire Parisiens, à se conformer aux usages de cette ville, à les observer, et ne songeaient pas, ainsi que cela est arrivé plus tard, lorsqu'ils ne furent plus tous doués de la même distinction, à imposer leurs habitudes et à contraindre de trop complaisants serviteurs à refaire un peu à leur profit les mœurs de leurs pays respectifs, au préjudice de nos mœurs nationales, sacrifiées à d'indignes rivales. Si on n'avait point résisté à cet entraînement aveugle, c'en était fait de la capitale de la France, elle perdait son caractère, son cachet, sa physionomie et devenait en quelques années, qu'on me permette cette expression, *une cité cosmopolite*. Le *finis Lutetiæ* eût été consommé. De pareilles substitutions ne sont pas sans exemple. Il y a en Allemagne des villes tout à fait francisées. Sur les bords du Rhin, on joue en français partout, on compte en français, les termes techniques du jeu sont écrits sur le tapis vert en français. Nous seuls pouvons accomplir de telles prouesses chez les autres, mais nous ne pourrions tolérer qu'on nous rendît la pareille chez nous.

Il était écrit sur le livre du destin que l'avénement de l'Empereur Napoléon III mettrait à l'ordre du jour la solution des questions les plus importantes et les plus délicates, et que ce serait à son génie qu'on demanderait ces solutions que ses prédécesseurs avaient pu ajourner sans péril. L'Empereur, forcé d'accepter une situation qu'il n'avait point faite, dut aviser au moyen de résoudre ces problèmes qui se posaient non par la faute de personne, mais en vertu de la marche du temps et du progrès.

La spéculation qui sait, ainsi que le dit si bien Rabelais, que l'occasion est chevelue par devant et chauve par derrière, voulut profiter du moment. Prenant un petit air philanthropique, elle afficha la prétention de venir au secours de cette population mal à l'aise dans une ville trop étroite. Vite, elle alla tenter ceux qui possédaient des maisons trop basses et des jardins. Pauvres jardins! quelle guerre elle vous fit pendant deux ans! Tous ceux qu'elle put acheter furent supprimés et convertis en rues bordées d'édifices à six étages, éclairées, ailleurs que sur la devanture, par des jours de souffrance.

Il n'existerait plus un seul arbre dans Paris, si le gouvernement de l'Empereur ne s'était pas emparé de cette grande question de l'embellissement et de l'assainissement de la ville. L'Empereur, qui a reçu du ciel en partage ce don merveilleux de savoir prendre un parti, arrêta un plan à peu près réalisé aujourd'hui, qui consista à renverser impitoyablement tous les cloaques de Paris privés depuis des siècles d'air et de soleil, et de les remplacer par des rues larges et spacieuses, des places, des squares et des boulevards.

On sait avec quelle féerique célérité ces embellissements ont été opérés. En l'espace de six ans, Paris a été métamorphosé, puis agrandi par la substitution du mur des fortifications à l'ancienne muraille de l'octroi.

Si l'on examine l'ensemble des travaux d'assainissement et d'embellissement exécutés sur tous les points de la ville, on remarque qu'on n'a rien changé aux beaux quartiers. On n'a fait la guerre qu'aux ruelles, aux rues obscures, et à ces labyrinthes malsains où les factieux, en temps de troubles et d'émeutes, allaient se retrancher. L'amputation a été complète. Des quartiers entiers ont disparu sous le marteau. Le boulevard de Sébastopol sur les deux rives, la prolongation de la rue de Rivoli, l'isolement de la tour Saint-Jacques et de l'Hôtel de ville, le nouveau Louvre, ont été conquis sur l'emplacement qu'avaient occupé jusque-là des échoppes fumeuses et des boutiques insalubres, à la devanture desquelles tous les oripeaux crasseux, toutes les vieilles bottes du monde semblaient s'être donné rendez-vous.

Au point de vue de l'édilité, il faut applaudir sans réserve à ces salutaires améliorations qui ont délivré Paris de cet aspect de *Cour des miracles*, qu'on retrouvait dans presque tous ses quartiers. Le nom de M. le baron Haussman, qui a su si bien comprendre les idées de l'Empereur, restera gravé dans les fastes de l'histoire de cette grande ville.

Lorsque dans l'avenir on comparera les travaux exécutés sous ce règne avec ceux accomplis aux diverses époques signalées comme ayant concouru à embellir Paris, il est incontestable que ce parallèle sera tout à l'honneur de Napoléon III. Ces embellissements se signalent surtout par la pensée généreuse qui a san cesse présidé à leur exécution. On voit apparaître partout une sollicitude pour les pauvres et les déshérités. Ce ne sont point des palais qu'on substitue à des baraques, ce sont des rues larges bien aérées, des places, des fontaines, et des jardins coquettement dessinés, dans lesquels les enfants pauvres qui n'ont ni gouvernantes ni bonnes à leur disposition, peuvent venir s'ébattre à l'abri de tout danger, et humer les rayons du soleil au milieu de la verdure et des fleurs. Voilà, soit dit en passant, une excellente mise en pratique de ce qu'on appelle la démocratisation du bien-être.

Ces améliorations ont cependant rencontré des esprits fâcheux qui ont contesté, sinon leur utilité, du moins la façon dont elles avaient été réalisées. Des articles violents, parus dans les journaux, et des brochures visant au pamphlet, se sont faits l'écho de cette opinion. Je respecte beaucoup les auteurs de ces déclamations qui, fort heureusement pour Paris, n'ont pas suspendu les coups de marteau, mais il me serait difficile de comprendre leur but. Ils ont, en cette circonstance, abusé de ce que je serais tenté d'appeler la volupté de la contradiction, et donné raison à ce disciple de Royer-Collard qui prétendait que si la création avait été mise en discussion par le bon Dieu, le chaos existerait encore. Les auteurs de ces écrits regretteraient-ils par hasard la rue Grenetat, la rue Serpente, la rue de la Harpe, et la rue du Fouare, dont a parlé Dante dans sa *Divine Comédie?* Dans l'exécution de ce gigantesque travail, il y aura eu peut-être, sur quelques points, certaines *intentions du père de famille* (pour parler le langage du Code), sacrifiées aux exigences rigoureuses du plan général, mais ces petits détails ne sont pas des arguments. On n'aurait jamais pu construire les lignes de chemins de fer, si on avait cédé aux réclamations et aux jérémiades de tous les honorables et paisibles habitants dont il a fallu démolir les maisons, culbuter les jardins et anéantir les kiosques, les tourelles, les grottes tapissées de mousse, les berceaux couronnés de roses et de jasmin, et les bassins ornés de grenouilles en marbre. Ces mécontentements sont d'ailleurs oubliés, autant que ceux des habitants de Rome qui furent expropriés pour l'alignement de la voie Appienne.

Il y a cependant un côté par lequel ces grandes améliorations seraient susceptibles d'être critiquées.

4

Je veux parler de la direction qu'on leur a donnée. La plupart de ces directions sont intelligentes, quelques-unes le sont moins. Pour bien comprendre ma critique, il me faut l'appuyer sur des considérations d'une incontestable évidence.

Les villes sont comme les fleuves. Si les fleuves coulent vers un point de l'horizon, en vertu de la loi du niveau, les villes, en vertu d'une loi plus mystérieuse, semblent vouloir se déplacer. Cette mobilité se produit même dans les villes dont on n'a point prémédité d'avance la transformation. Ainsi, on a remarqué que toutes les villes s'étendaient toujours de l'est à l'ouest.

On a vu que Paris, qui avait son foyer à la place Royale et au Marais sous Henri IV et Louis XIII, au Palais-Royal sous l'Empire et la Restauration, vers la rue Vivienne et les boulevards sous le gouvernement de Juillet, se porte maintenant vers la Madeleine, les Champs-Élysées et le bois de Boulogne. L'émigration résultant du libre arbitre de la ville abandonnée à elle-même est là d'une façon très-évidente, très-manifeste. Cette sympathie, cette préférence est dans l'air; elle est dictée par la mode; peu importe, elle est. Paris, qu'on me permette cette expression, penche, coule, fuit, glisse dans cette direction. Rien ne l'arrêtera. On ne force pas plus une ville à changer de courant, qu'on ne peut contraindre un fleuve à refluer vers sa source. Or, autant on peut prédire à coup sûr un brillant avenir, une vogue certaine aux Champs-Élysées, aux villages groupés autour de l'arc de l'Étoile, et à ce magnifique boulevard Malesherbes, autant on peut compter que la rue de Rivoli ne sera jamais à la mode dans son parcours du Louvre à l'Hôtel de ville. C'est en vain qu'on a élevé des avenues, construit des théâtres et des squares aux environs de la place du Châtelet : jamais la foule élégante, oisive, riche ne dirigera ses pas de ce côté.

Ces deux théâtres élevés en face l'un de l'autre et qui, vus de loin, ressemblent à deux grandes malles prêtes à partir et buvant le coup de l'étrier, perdront à cet isolement et regretteront le boulevard du Temple. C'était au boulevard Malesherbes qu'il fallait les construire, parce que cet endroit de la ville est destiné à être, dans un avenir très-prochain, le centre de Paris. La foule s'y porte et se dispute les maisons élégantes et commodes, préparées tout exprès pour elle.

CHAPITRE V

PARIS RETROUVÉ

Je n'ajouterai aucun détail sur ces travaux d'embellissement qui s'accomplissent sous nos yeux; mais j'invoquerai leur importance et leur utilité pour revendiquer en faveur de l'empereur Napoléon III la louange décernée à l'empereur Auguste. Cet héritier de César voulut rendre en marbre la Rome en brique qu'il avait reçue. L'Empereur se conduit avec Paris de la même façon qu'Auguste avec Rome. Grâce à ces immenses travaux, cette capitale, qui fut pendant un moment menacée de ne pouvoir ni loger ni nourrir les myriades d'étrangers affluant dans ses murs, est désormais à même de recevoir cette foule exigeante et de lui offrir une hospitalité acceptable.

Ce premier résultat essentiel obtenu, il en reste un autre plus important encore qu'il faudra également atteindre. Pour y arriver, ce ne sera pas trop des efforts combinés du gouvernement et des habitants de Paris. Je veux parler de la nécessité urgente dans laquelle nous sommes de retrouver ce Paris élégant et spirituel, tant défiguré par les étrangers qui sont venus des quatre points cardinaux pour substituer leur élégance suspecte, leur bon goût contestable à ceux que cette ville unique dans le monde avait jusque-là possédés.

Ce Paris rare et précieux, un moment éclipsé, se retrouvera; ses autels seront prochainement relevés par les quelques vestales qui ont su en conserver les précieuses traditions : les étrangers, désormais casés, ne les gêneront pas, il faut l'espérer du moins, dans cette restauration délicate. Ces Athéniens modernes, qui doivent seuls donner le ton, reprendront le haut du pavé et feront disparaître, peu à peu, tout ce faux luxe, tout ce clinquant, tout ce mauvais goût qui

4.

tiennent, hélas ! tant de place aujourd'hui. Peu à peu ils auront raison de ces ridicules intolérables, de ce laisser-aller scandaleux, de ces admirations niaises, prodiguées à de grossières erreurs que l'on voit s'étaler partout avec tant d'impudence.

On signale déjà un retour très-violent, très-décidé vers ces mœurs douces, élégantes et polies qui avaient fait de Paris l'école suprême du bon ton et des grandes manières. Nous restituerons à nos enfants cette cité merveilleuse, arrachée aux barbares qui en avaient altéré tous les traits. A l'avenir, nous accueillerons les étrangers, nous leur ferons les honneurs de chez nous avec la courtoisie qui nous est échue en partage, en ayant soin surtout de les prier d'adopter nos mœurs et nos usages, et de ne pas nous imposer les leurs. Cette réforme, que j'appelle de tous mes vœux et à laquelle participent en ce moment un très-grand nombre d'esprits fins et délicats, sera tout à fait accomplie quand nous aurons sinon aboli, tout au moins réprimé les abus et les erreurs que je signalerai dans les chapitres suivants.

CHAPITRE VI

LE PARIS DE 1862

Il y a dans la *Notre-Dame de Paris* de M. Victor Hugo un admirable chapitre, intitulé Paris à vol d'oiseau. L'auteur l'a écrit au sommet des tours de la cathédrale. Son cerveau excité par l'aspect de cette grandiose perspective a trouvé les images les plus pittoresques et les plus saisissantes pour décrire les agitations mystérieuses et compliquées de cette grande fourmilière d'hommes. Aujourd'hui cet aspect a changé complétement. Paris, centre universel des lignes de chemins de fer et des fils télégraphiques, ressemble, observé de ce point culminant, au noyau du soleil. Il est toujours à demi voilé dans une atmosphère épaisse, produite par les vapeurs de son fleuve et la fumée des maisons et des usines. Ces fils électriques sur lesquels courent en étincelles invisibles avec la rapidité de la foudre, les pensées secrètes et les commissions prosaïques de la population, forment une espèce de toile au milieu de laquelle Paris se trouve placé comme une gigantesque araignée, averti de tout ce qui surgit sur le globe. Le soir, alors que la nuit tombe, et fait allumer ces myriades de réverbères, Paris semble éclater. Il lance dans l'espace comme des morceaux de lui-même, destinés à aller former un peu plus loin, ses satellites. Ces morceaux qui fuient en laissant un sillage de feu, sont autant de trains de chemins de fer emportés à toute vapeur, qui vont rendre aux paisibles bourgades des provinces les voyageurs saturés de ses splendeurs. Ces trains s'entre-croisent avec d'autres, amenant de nouveaux voyageurs. C'est un va-et-vient continuel, sans trêve, sans repos, allant sans cesse, et devant aller ainsi jusqu'à la consommation des siècles et du charbon de terre.

Autrefois Paris avait ses heures de repos. S'il était animé et laborieux pendant le jour, une fois la nuit arrivée et le couvre-feu sonné, tout demeurait immobile, les bruits s'apaisaient, les mortels se couchaient, la création semblait rentrer dans le néant. A présent tout est changé. Les découvertes de la science nous ont fait entrer dans un monde nouveau, qui n'est pas précisément le Paradis. Depuis qu'elle a mordu dans le fruit défendu, cette science curieuse a trouvé le moyen de remédier à l'imperfection de nos organes. Prenant en pitié la chétive structure de l'homme, auquel la nature a refusé les ailes de l'oiseau, elle a prétendu venir au secours de ses faiblesses. Mais qu'on ne croie pas que je veuille faire le procès de la science. Je ne doute ni de sa puissance, ni surtout de sa modestie. Les savants n'aspirent plus à l'honneur d'être rangés parmi les demi-dieux. Les mécaniciens ont depuis longtemps surpassé Prométhée, et nul parmi eux n'a tenté de faire croire qu'il avait dérobé le feu du ciel. Le génie n'est donc plus fils de l'orgueil, et toutes ses découvertes, loin d'insulter à la grandeur de Dieu, ne sont plutôt que les strophes du grand cantique chanté à sa gloire.

Par malheur, ces dons précieux que nous a faits la science, ont déjà fait de nous des fourvoyés bien plus que des heureux. Je demande la permission de citer ce que j'ai écrit à ce sujet, en 1858, dans un livre consacré à l'Exposition universelle [1]. Je disais dans ce livre :

« Les sciences, les arts et l'industrie en sont arrivés déjà à un degré de développement et de progrès qui se charge d'humilier notre orgueil et de démontrer, bien mieux que les sermons, l'exiguïté de l'homme en tant qu'individu. Ceci a l'air d'un paradoxe, et cependant c'est, nous le croyons du moins, une vérité facile à démontrer. Essayons.

» La planète la Terre, que nous habitons, est à la veille d'être pourvue d'un réseau de fils électriques qui reliera entre elles les cinq parties du monde, et qui permettra de transmettre, avec la rapidité de l'éclair, une nouvelle du pôle arctique au pôle antarctique. Les océans traversés, les chaînes de montagnes perfo-

---

[1] *L'Exposition à vol d'oiseau*, 1 volume, chez MM. Lévy, éditeurs, à la Librairie Nouvelle, 15, boulevard des Italiens.

rées ne pourront plus arrêter dans leur essor les commotions électriques qui sillonneront le monde dans tous les sens. La conséquence première de ce système sera d'abolir l'absence et la distance, deux substantifs qu'on devra expulser du dictionnaire, parce qu'ils auront perdu toute espèce de signification. En effet, comment persuader à l'habitant de Paris qu'il y a loin de cette ville à Boston, lorsqu'en un quart d'heure il pourra s'informer de l'état de la santé de son frère ou de son ami, situé dans cette dernière ville?

» Le réseau électrique s'étendra sur la terre comme une immense toile d'araignée, et les hommes échelonnés dans les plis de cette toile causeront tous ensemble. A côté de ces conversations particulières, de ces bavardages individuels, il y aura dans chaque ville une grande ardoise sur laquelle chaque jour on inscrira ce que l'on appellera probablement les *faits divers* de toute la terre. Les naufrages, les éruptions de volcans, les trombes, les incendies, les fluctuations de la Bourse, et si des peuples sont en guerre, les batailles et les escarmouches livrées entre les parties belligérantes seront inscrits sur cette ardoise. Les habitants de la terre, en passant devant elle, apprendront jour par jour l'histoire de leur planète.

» *Tempus veniet.* Oui, le temps viendra où les choses se passeront ainsi. Mais alors à quel supplice inconnu et imprévu sera livrée notre mémoire? Cette faculté mystérieuse pourra-t-elle résister à l'indigestion d'aliments que cette invention offrira à son incessante activité? Nous ne le pensons pas, et nous croyons fermement que les hommes ne tarderont pas à se repentir d'avoir tant fait pour seconder la curiosité. En veut-on une preuve? Il est facile de la trouver.

» Les chemins de fer, les grandes lignes du moins, sont à peu près achevés, puisqu'on peut aller de Marseille à Berlin, en passant par Paris et Bruxelles, sans descendre d'un wagon. Il y a des gens, pressés par leurs affaires, qui décrivent de ces révolutions de comète, et qui dans l'espace d'une journée, font plonger leurs yeux dans des panoramas de plusieurs centaines de lieues. Ils arrivent au terme du voyage dominés par une lassitude inconnue jusqu'alors. Demandez à ces victimes de la célérité de parler des sites qu'elles ont parcourus, de décrire les perspectives dont les images rapides se sont imprimées les unes après les autres sur le miroir de leur cerveau. Elles ne seront point capables de vous répondre. Leur esprit en ébullition appellera le sommeil à son secours pour mettre fin à sa surexcitation.

» Or, pour en revenir à ce que nous avons avancé touchant l'exiguïté de l'homme et l'abaissement de son orgueil, est-ce que cette exiguïté et cet abaissement d'orgueil ne sont pas suffisamment démontrés par l'influence qu'exercent sur nous ces inventions? Ces découvertes, à force de seconder nos facultés, infligent à nos sens et à nos organes une sorte de courbature, qui nous porterait à croire que notre constitution physique et morale a cessé d'être en rapport avec elles. La science nous propose, pour ainsi dire, d'entrer dans un nouveau monde qui n'est pas fait pour nous. Nous voudrions bien nous y aventurer ; mais nous ne tardons pas à reconnaître qu'il comporte une constitution qui nous manque et des organes qui nous font défaut. Plongés dans un vague étonnement, nous pensons involontairement toucher à ce moment de l'éternité où, selon Fourier, Dieu, dans ses impénétrables desseins, doit venir au secours de la création et agrandir le cercle de ses facultés.

» Alors, insistant sur la nécessité de ce perfectionnement, tels que nous sommes, nous nous prenons en pitié, et cet amoindrissement à nos propres yeux est si grand, qu'il dépasse la dose d'humilité demandée par la morale. Et c'est ainsi que les progrès des sciences et des arts, comme nous l'avons dit en commençant cette période, adressent du fond des consciences un avertissement salutaire à l'orgueil. »

Cette exagération donnée à la vie est surtout appréciable par ceux qui, à Paris, sont lancés dans la vie agitée. Questionnez ces prétendus heureux du jour ; ils vous diront tous que le séjour de Paris est devenu fatal à la santé. Les affaires et les plaisirs, à la façon dont ils sont groupés et multipliés, ne sont plus en rapport avec les forces humaines. Dans certaines sphères, il faudrait avoir à son service trois estomacs, trois cerveaux, trois cœurs, et des journées de quarante-huit heures, pour suffire aux complications de la vie. Ceux qui sont assez sages pour n'être qu'aux affaires et pas du tout aux plaisirs, ceux qui sont assez fous pour n'être qu'aux plaisirs et pas du tout aux affaires, peuvent encore, à la rigueur, s'y retrouver; mais ceux qui sont assez audacieux pour prétendre conduire de front les affaires et le plaisir, courent à une mort certaine, ou tout au moins à une de ces affections si nombreuses aujourd'hui, qui consistent à avoir des hémorrhagies de fluide nerveux. Consultez les médecins, ils vous diront que leurs salons d'attente sont encombrés de malades de cette catégorie, qui se guérissent quelquefois, s'ils ont le courage d'aller à la campagne, pêcher à la ligne, manger de la soupe à l'oseille, et se coucher à la même heure que les poules et le soleil. Tous ces pauvres malades sont autant de victimes de cette façon de vivre qu'on a cavalièrement appelée la vie à grandes guides.

Grâce à la vapeur et au télégraphe électrique, ceux qui travaillent sont tellement secondés qu'il leur faut faire en un jour ce que leurs pères faisaient en une semaine; et en une semaine ce que leurs pères faisaient en un mois. Autrefois, il fallait dix jours pour aller de Paris à Marseille; à présent, il ne faut plus que vingt heures. Par le télégraphe on correspond en une demi-heure. Cette abolition de la distance, qui place un homme occupé perpétuellement en face de toute sa clientèle, impose à ce malheureux des tâches impossibles. Il se résigne, mais au prix de quel sacrifice !

Je ne saurais pousser trop loin la précision sur un point qui a tant contribué à modifier nos mœurs. Pour cela, comparons le passé avec le présent.

Saint Louis était mort depuis plus de trois mois sous les murs de Tunis, quand un courrier, qui s'était perdu vingt fois en route, apporta cette nouvelle à Paris.

La bataille de Fontenoy, gagnée par Louis XV et le maréchal de Saxe sur les Anglais, à soixante-quinze lieues de Paris, le 11 mai 1745, ne fut connue que le 15 mai, c'est-à-dire quatre jours après, par un petit article paru dans la *Gazette de France*.

La bataille d'Austerlitz, livrée le 2 décembre 1805, à trois cents lieues de Paris, ne fut connue que le 12 du même mois. Le rapport détaillé de cette mémorable victoire, qui forme le trentième bulletin de la Grande Armée, ne fut publié que le 16 décembre par le *Moniteur*.

La prise d'Alger eut lieu le 5 juillet 1830. Elle

ne fut connue que le 13 juillet au soir par le roi Charles X à Saint-Cloud.

Telle était la lenteur du passé. Voici la rapidité du présent.

Pendant le siége de Sébastopol, une dépêche pouvait être transmise en treize heures du camp français à Paris. La distance était de neuf cents lieues.

Les Anglais, pendant la guerre de l'Inde, recevaient en vingt-cinq jours des nouvelles de Calcutta. La distance était de cinq mille lieues.

A présent, il suffit d'une heure pour connaître à Paris, à Londres, et partout, le cours de toutes les Bourses de l'Europe. Le discours prononcé par l'Empereur, lors de l'ouverture de la session législative, était lu en entier, deux heures après, à Londres, à Alger, à Berlin, à Vienne et à Madrid.

Si de la sphère des gens occupés nous passons dans celle des gens exclusivement adonnés aux plaisirs, on constate que le sort de ces prétendus fortunés n'est pas moins digne de pitié. Pendant l'hiver à Paris, il y a des personnes qui pendant plusieurs mois consécutifs ont pour chaque soir des invitations à dîner et à danser. Ils vivent dans un état d'excès perpétuel, succombant, quelle que soit leur prudence, aux innombrables tentations qui les enveloppent. D'abord, le plaisir pris à si forte dose ne tarde pas à devenir insipide ; ensuite, cette vie d'excès altère la santé, et produit ces visages étranges, ces pâleurs maladives, ces regards éteints qu'on rencontre à chaque pas sur les boulevards et au bois de Boulogne. Ces martyrs se lèvent fort tard et prennent des bains, espérant ainsi combattre la fatigue et en triompher. Quelques-uns s'en vont aux eaux et sur le bord de la mer.

Au dix-huitième siècle, il y avait des viveurs qui menaient aussi la vie à grandes guides. Leurs excès n'égalaient pas les nôtres, parce que la société avait encore des mœurs et qu'à présent elle n'en a plus. Dans ce temps-là, si on se trémoussait beaucoup pendant le carnaval, en revanche on observait scrupuleusement le carême. Les femmes pâlies par la veille retrouvaient ainsi des fraîcheurs de dévotes. A présent, le carême ne modifie en rien nos habitudes.

Des esprits prompts à s'alarmer voient dans cette situation des signes de décadence. Il n'en est rien. Ils ont appelé décadence ce qui n'est en réalité qu'une transformation. Nos usages changent, cela est vrai ; l'important est de ne pas permettre aux innovations de mauvais goût de toucher aux bonnes et vieilles traditions qui nous ont faits ce que nous sommes, c'est-à-dire le peuple le plus poli et le plus spirituel du monde.

CHAPITRE VII

LA VIE PARISIENNE

Les usages de la société actuelle ne ressemblent plus guère à ceux de cette société du dix-huitième siècle qu'on devra toujours prendre pour modèle, sinon de la vertu, du moins de l'élégance. Ainsi la facilité avec laquelle on peut voyager a détruit en partie pour nous l'attrait qu'avait pour nos pères la vie sédentaire. A présent nous vivons beaucoup au dehors, nous fuyons tous plus ou moins l'intérieur et le foyer. Ce besoin de mouvement a largement contribué à faire disparaître ce qu'on appelait les salons, où se cultivait le bel art de la conversation. Nous ne savons plus causer. Emportés par une sorte de vertige, nous voulons être partout à la fois, et quand par hasard il nous faut rester en place, nous considérons cette nécessité comme une tyrannie. Il y a plus de vingt ans qu'on ne cause plus en France. C'est à Paris surtout qu'il en est ainsi. Il est rare qu'on passe la soirée dans la maison où l'on a dîné ; au dessert on s'esquive, et on court soit au théâtre, soit dans une autre maison, soit au cercle, où l'on ne cause pas davantage. Il importe d'entrer dans quelques explications sur ce point, pour bien faire comprendre où je prétends en venir.

Ces centres élégants et délicats qu'on appelait autrefois les salons sont devenus très-rares aujourd'hui. Ce n'est ni la verve, ni l'esprit, ni l'imagination qui nous manquent pour les relever avec éclat, mais nous ne faisons rien pour cela. Nous sommes tous pressés, fourvoyés et détournés de l'envie de causer. Il est juste aussi d'ajouter que nous sommes maintenant trop divisés d'opinion pour être susceptibles de rester longtemps en face les uns des autres. Il y a d'abord la politique qui joue un rôle excessif. C'est

5.

un terrain sur lequel il est rare de voir trois esprits s'accorder. La conversation dégénère en discussion violente, quelles que soient l'urbanité et la courtoisie des divers interlocuteurs. Cependant la politique a tant d'attrait et pèse tellement sur la vie, qu'il est impossible de ne pas l'aborder dès qu'il y a réunion. La conversation tombant sur ce sujet produit cette première conséquence de mettre les femmes hors de débat, et partant de les isoler; à ce premier dissolvant, il faut en ajouter un second, c'est cette manie devenue générale de critiquer sans bienveillance ou de louer sans réserve. Tout le monde à présent veut faire son petit feuilleton du lundi. On se refuse cette aimable indulgence qui constituait la sociabilité d'autrefois. Les consciences, au lieu de se sourire, préfèrent se séparer, ou rester muettes en face les unes des autres.

On m'objectera que ces travers ont existé de tout temps, et qu'ils ont précisément servi d'aliment à la conversation. Il en fut ainsi tant que les esprits désireux de s'instruire marchaient résolûment au-devant d'une persuasion qui devait les subjuguer ; mais ces temps ont passé. Aujourd'hui nous sommes tous trèsabsolus dans nos idées, et inféodés à l'abus du parti pris. Il en est ainsi parce que chaque matin nous apporte une foule de journaux où *le pour* et *le contre* de la veille sont soutenus avec une subtilité perfide qui se charge de fournir des armes à tout le monde, et d'entretenir cet antagonisme qui ne nous permet plus de nous entendre. Au dix-huitième siècle, les encyclopédistes et les philosophes n'étaient pas plus d'accord que les journaux d'à présent, mais leurs éloquentes disputes n'arrivaient pas comme à présent à toutes les oreilles.

Enfin, à tous ces dissolvants il faut en ajouter un autre sur lequel je reviendrai. Je veux parler du cigare, qui chasse du salon tant d'esprits en état de tenir le dé de la conversation.

Nos pères ne parlaient point politique, ils critiquaient peu et ne fumaient pas. J'ajouterai qu'ils apportaient dans les rapports sociaux une bonhomie et une naïveté qui en sont maintenant absolument bannies. Nous avons remplacé ces qualités exquises par la plus prétentieuse de toutes les ironies, par la plus fausse de toutes les modesties. Je ne voudrais point passer pour un louangeur du temps passé ; cependant, pour les besoins de ma cause, je suis forcé de rappeler que, chez nos grands-pères, le foyer était agréable, parce que chacun y arrivait avec un certain souci de plaire aux autres. Ainsi on écoutait celui qui parlait bien, et on n'exigeait pas pour faire cercle autour de lui qu'il fût de l'Académie ou qu'il méritât des lauriers. Dans ce temps-là, on était élégant, et on croyait à l'élégance ; saluer avec grâce, danser légèrement, bien porter une épée et des dentelles, savoir faire sa cour à la jeune fille qu'on devait épouser, étaient des titres fort appréciés. Les rivaux, stimulés par l'émulation, briguaient les suffrages de la galerie. C'était dans les salons et non ailleurs qu'ils accomplissaient de telles prouesses, et ils n'avaient aucun désir d'aller les accomplir ailleurs.

A présent tout est changé. Notre costume sévère, étriqué, puritain, interdit l'élégance. Nous avons aboli la révérence, nous avons supprimé la danse, et, si un monsieur se permettait de vouloir briller par un de ces moyens-là, il se couvrirait de ridicule, il se ferait montrer au doigt. Pour être accompli maintenant, il faut ignorer la danse, adopter la valse à deux temps, sur de la musique rhythmée à trois temps, et débiter avec gravité les huit ou dix niaiseries composant ce dialogue soporifique et nul qui a remplacé à peu près partout la conversation.

C'est l'usage à présent que Mme une Telle reste chez elle le mardi. Ce jour-là tous ceux qui sont invités à ses dîners et à ses soirées doivent venir la voir et causer un quart d'heure. Il m'a été souvent permis d'écouter ce que des esprits, d'ailleurs fort distingués, disent dans ces visites hebdomadaires. Si on sténographiait ces dialogues, on reculerait d'épouvante en face des énormités et des platitudes qu'ils renferment. L'inanité de ces discours est surtout complète si cette Mme une Telle possède une fille en âge d'être mariée, parce que, dans nos mœurs, il est passé en force de chose jugée qu'une jeune fille est une sensitive dont tout le mérite doit consister à baisser les yeux et à rougir si on lui parle, fût-ce de l'*Ave Maria*. J'ai connu un garçon fort remarquable, qui avait a passion du bal ; il ne manquait pas un quadrille. Il avait inventé un petit dialogue à l'usage des jeunes filles inconnues qu'il invitait à danser. Pendant la première figure, il prenait la liberté de faire observer à sa danseuse que le bal était très-brillant et la température très-élevée. A la seconde figure, il la complimentait sur la fraîcheur de sa toilette et sur la forme gracieuse donnée par le coiffeur à ses bandeaux. A la troisième figure, il avait l'audace de lui demander si elle avait entendu M. Montaubry dans le *Postillon de Lonjumeau*; enfin, en la reconduisant à sa place, il lui conseillait de ne pas prendre de glaces. Mon ami était coté très-cher comme danseur; les demoiselles le trouvaient charmant, les mères l'estimaient beaucoup. S'il dansait avec une femme pourvue d'un époux, il risquait quelques phrases un peu plus téméraires. Tandis qu'il entrainait ses danseuses dans le tourbillon d'une valse rapide, les pères et les maris de ces robes roses et blanches, groupés dans les salons voisins, parlaient du cours de la rente, et se disputaient à propos du dernier premier Paris de M. John Lemoinne.

J'ai esquissé à peu près ce que sont les réunions de la société parisienne. Il est juste de dire que la vie de famille comporte plus d'abandon et plus d'intimité. La conversation, quand elle s'engage, est plus substantielle. Cette stérilité explique suffisamment l'ardeur avec laquelle on essaye de se soustraire à ces réunions, et de les fuir dès qu'on est allé y faire acte de présence. On traverse les bals et les soirées, mais on n'y reste pas, et on y reste d'autant moins que Paris fourmille depuis quelques années d'endroits fort tentateurs, créés d'abord pour l'usage exclusif de la population flottante, et que la population sédentaire a pris en affection toute particulière. On court vers ces refuges pour chasser l'ennui qu'on porte avec soi. Je ferai remarquer qu'en ce moment je constate une tendance que nul autre ne peut déplorer plus que moi. Je voudrais voir s'accomplir à Paris une restauration des mœurs patriarcales ; j'applaudirais des deux mains à d'intelligentes réformes tendant à repeupler les salons, et à diminuer le nombre de ceux qui se pressent dans les cercles, les bals publics, les guinguettes, et dans tous ces petits boudoirs où le sans-gêne et le sans-façon règnent avec tant d'impudence. Par malheur, les indigènes de Paris, entraînés dans leur course folle par les étrangers, sont condamnés à suivre le courant qui les entraîne. Le pli est pris ; il ne disparaîtra que si quelques femmes supérieures s'imposent pour tâche de ramener au bercail leurs sujets égarés. Nous allons voir où quelques-uns sont allés se réfugier depuis que les salons sont devenus si rares.

CHAPITRE VIII

CE QU'ON ENTEND PAR TOUT PARIS

J'en suis arrivé à cet endroit de mon travail où il ne m'est plus possible de ménager les transitions. Je me vois forcé de diviser mon sujet par chapitres qui ne seront soumis à aucun ordre logique.

L'instant est aussi arrivé d'avoir recours à une précaution oratoire sur laquelle je compte pour me mettre à l'abri des reproches non fondés que mes appréciations pourraient soulever.

Je vais toucher à une foule d'actualités, et m'immiscer forcément dans ce qui ne me regarde rigoureusement pas. Je déclare d'avance que je hais les personnalités, et que mon intention formelle est de n'en faire aucune. Si par hasard quelqu'un allait se trouver atteint par ce que je vais dire, je le supplie de demeurer convaincu que j'ai voulu esquisser un tableau général, et que je n'ai nullement entendu faire allusion à personne.

Stendhal dit quelque part que le principe du comique vient de l'erreur des hommes dans la recherche du bonheur ici-bas. Je vais suivre mes chers contemporains dans leurs agitations domestiques à Paris, et essayer de voir s'ils sont, oui ou non, sur le vrai chemin de la félicité. Cette exploration ne doit manquer ni d'intérêt ni de gaîté.

Il faut d'abord parler de la petite phalange qui tient la plus grande place, et que dans les chroniques on appelle *tout Paris*.

Ce qu'on entend par *tout Paris* comprend un nombre fort restreint d'individus, qui, par la fortune, l'esprit, l'influence et l'originalité, attirent tous les regards et dictent à la mode ses arrêts. La vie est pour eux une fête perpétuelle. Ils forment le public assidu et railleur de tout ce que ceux qui cherchent viennent offrir comme aliment à la curiosité et à la futilité. C'est pour eux que des gens d'esprit se creusent la tête pour trouver des sujets de comédie, de vaudeville, de féerie et de ballet ; c'est pour eux que des plongeurs pénètrent au fond des golfes. Le globe tout entier est mis en réquisition pour suffire aux exigences et aux caprices de ces enfants gâtés de la civilisation, pour lesquels les sybarites eux-mêmes ne seraient plus que des rustres et d'incultes paysans du Danube. Paris est incarné et personnifié en eux. Les étrangers ne viennent chez nous que pour les voir, les connaitre et les imiter. Ces étrangers, en effet, ne viennent pas pour voir à l'œuvre dans leurs bureaux, leurs comptoirs ou leurs études, les banquiers, les merciers et les notaires. Ces catégories honorables, utiles et méritantes ne sont pour rien dans ce scintillement au milieu duquel ce magnifique Paris apparaît à l'esprit du fortuné mortel qui fuit son pays, sa province ou le collége, pour venir goûter de ce fruit défendu.

Grâce aux profits immenses qu'on réalise en exploitant cette clientèle de prodigues, on est arrivé à triompher de tous les obstacles physiques qui pouvaient s'opposer à l'essor et à la fertilité de ses caprices. On invente, on fait pousser, on amène tout ce que ces illustres blasés peuvent souhaiter. Pendant l'été, on leur sert de la neige et des rochers de glace ; pendant l'hiver, on fait fleurir pour eux les roses et les lilas, on fait mûrir les pêches, les cerises et les asperges. Si un plongeur du golfe Persique trouve un diamant très-gros, ou une perle très-pure, vite ce diamant et cette perle sont expédiés à Paris. Si la nature se plaît à gratifier un larynx d'une voix de rossignol, ce phénix accourt à Paris. La terre entière est explorée pour peupler un féerique étalage dans lequel des raretés inutiles sont achetées à des prix fabuleusement élevés.

Il n'y a rien à dire à l'égard des raffinements qu'exigent ces élégants despotes. On ne saurait les blâmer d'aimer les choses délicates. Mais si des choses on passe aux personnes, si on discute la valeur des personnalités étranges dont il leur est arrivé souvent de faire des idoles, on reste confondu en face du goût bizarre et singulier qui a pu motiver parfois leur enthousiasme ou leur prédilection. Paris, il faut le reconnaître, conserve le privilége de donner seul le baptême à toutes les grandes réputations. Nul n'est absolument célèbre s'il n'a mérité ses suffrages. Il se peut que l'on conteste cette opinion, peu m'importe ; je n'en persisterai pas moins à la conserver, et je renvoie ceux qui doutent à ce qu'a dit, à ce propos, cet Allemand si Parisien qui a nom Henri Heine.

Cette prépondérance ne va pas cependant jusqu'à légitimer toutes les fausses réputations qu'il a faites. Je ne puis m'empêcher de protester contre les aberrations étranges en vertu desquelles ceux qu'on intitule *tout Paris* ont acclamé des baladines sans talent sur la scène et sans gaîté au dessert, tandis qu'à la même heure, des physionomies exquises et charmantes languissaient dans un coin, faute d'un encouragement. Je n'accepte pas davantage le succès qu'ils ont fait à certains livres que je ne nommerai pas. Je préfère arriver tout de suite aux Parisiennes, qui sont certes pour plus de moitié dans la renommée de Paris.

Les Parisiennes personnifient la séduction et la grâce. Elles ne sont pas toutes jolies, mais celles qui le sont éclipsent les jolies femmes de tous les autres pays. Elles excellent dans l'art de s'habiller et savent, à l'aide de coupes savantes, emprunter aux étoffes qui les cachent un surcroît de tentation que le nu ne comporte pas. Les grandes couturières de Paris ne sont en réalité que d'habiles magiciennes, possédant au plus haut degré le coupable secret d'aller au-devant de toutes les dépravations. On disait des Grâces : *Nudæ decentes,* on pourrait retourner le mot, et dire des Parisiennes : D'autant plus habillées, d'autant plus provocantes. La société fourmille de vénérables moralistes conservant encore l'illusion de faire prévaloir par des préceptes la pratique de la chasteté. Ils crient tous dans le désert. Le seul moyen d'opérer une telle conversion serait d'engager les couturières à renoncer aux friponneries irrésistibles de leurs patrons, et de ramener les femmes à la tunique. La source du péril est là, ce qui explique pourquoi de tous les coins du monde on vient demander des robes, des fichus et des chapeaux à Paris. Mais je me tais, ne voulant point empiéter sur une spécialité que Mme la comtesse de Renneville possède à si juste titre. Nul ne saurait mieux qu'elle parler de ces beautés errantes qui sont la poésie et l'ornement des rues, alors qu'au retour du printemps, parées de robes roses, de chapeaux bleus, elles semblent fleurir à la promenade comme les violettes dans les haies.

CHAPITRE IX

LES CERCLES

J'ai dit, dans un précédent chapitre, qu'on ne causait plus et qu'on abandonnait les salons. La cause principale de cette désertion est la multiplicité des cercles. Cette mode, venue d'Angleterre, a fait depuis quelques années des progrès inquiétants parmi nous. Si ces sortes de réunions ne font courir aucun danger à la société anglaise, il n'en est pas de même à Paris, où elles ont en réalité brisé ce qu'on appelait le foyer domestique. Parcourez chaque soir les cercles, vous y trouverez une société nombreuse, amusante, composée en grande majorité de maris et de jeunes gens qui laissent seuls à la maison leurs femmes et leurs grands parents. Ils ne peuvent faire la foule au cercle qu'en laissant la solitude dans leurs demeures respectives. Cette conséquence est fatale.

L'animation du cercle a, comme on le pense, facilement raison du calme monotone du foyer. Les motifs abondent pour qu'il en soit ainsi. D'abord ce genre de vie abuse beaucoup de gens sur l'état réel de leur fortune. Tel petit rentier qui habite avec sa femme et ses enfants un étage élevé, incommode, étroit, où il est servi par des femmes maladroites, peut, au prix d'une cotisation insignifiante, obtenir le privilége de venir passer ses heures de loisir dans de vastes et riches salons décorés comme des châteaux, quand ils ne le sont pas comme des palais, et avoir à ses ordres des valets de pied en grande livrée qui font énormément la révérence en lui apportant une lettre sur un plateau. Les gens peu aisés jouent ainsi à l'homme riche, et préfèrent cette illusion de la fortune à la réalité obscure et prosaïque de leur petit intérieur. Ce n'est pas tout. Au cercle, le salon est animé par un va-et vient continuel de curieux, de bavards ayant fouillé Paris dans tous les coins et qui, après le spectacle, rapportent les bons mots, les anecdotes croustillantes, les bruits de ruelles et d'alcôves, et les nouvelles de toute sorte inventées pendant la journée. Ce que les journaux ont dit ou sous-entendu est complété par ces conteurs avec une verve contagieuse qui chasse les soucis et les préoccupations domestiques. A côté de ces maris se trouvent des célibataires qui n'ont renoncé ni à Satan ni à ses pompes. Ils se souviennent tous que la vie est courte et qu'il faut la passer gaiement.

Je ne voudrais point travestir la vie intérieure des cercles, ni imputer même des intentions coupables aux personnes honorables qui en font partie et se distinguent par le choix irréprochable et sévère de leurs distractions ; mais enfin je suis bien forcé de constater qu'à côté de ces sages, il y a, dans un coin, dans un salon spécial, les fous qui parfois jettent très-résolûment leurs bonnets par-dessus les moulins. Il leur arrive très-souvent de raconter des histoires fort gaillardes, alors que le jeu s'anime et que les vins exquis pétillent dans les verres.

Toutes ces gentillesses, possibles dans un cercle,

ne le seraient pas dans les salons. Là est tout le secret de la défaveur dans laquelle ils sont tombés. Entre hommes, on peut desserrer sa cravate, allumer son cigare, parler librement, raconter des joyeusetés égrillardes qui font des succès au conteur, puisqu'il n'y a pas de dames dans l'auditoire. Aussi la plupart de ces beaux diseurs, quand ils retournent dans le monde, se sentent éteints et gênés ; l'ennui les enlace et les fait fuir.

Le cercle a donc ce tort immense de consommer la séparation de l'homme et de la femme, et de faire perdre l'art de causer. Je sais bien que les célibataires, mais les célibataires seuls (car à Paris tous les maris sont fidèles à leurs femmes), prennent ailleurs leur revanche, et font visite à d'intéressantes petites personnes qui se cotisent et s'associent pour représenter la monnaie des courtisanes. Par malheur, une loi inflexible veut que l'homme se civilise aux pieds de la femme ou s'abrutisse dans ses bras. De nos jours, on se civilise peu. Je n'en dirai pas davantage.

Les divers cercles forment des corporations pourvues d'une administration complète. Ils ont des règlements fort sévères, qu'un président est contraint d'appliquer. On n'y est admis que par un vote donnant la majorité des suffrages au candidat. On vote à l'aide de boules blanches et noires. Je ne suis entré dans ce détail que pour faire la guerre à un verbe abominable qu'il faut bannir du dictionnaire. Quand on veut repousser un candidat, on dépose dans l'urne une boule noire. En anglais, noir se dit *black*. Or lorsqu'un candidat n'est pas admis, il est *blackboulé*. Quel mot sauvage ! Voyez-vous d'ici un repoussé parlant à un de ses juges, obligé de lui dire : « Si j'avais su, monsieur, que vous me *blackboulassiez*, je ne me serais pas présenté ! » C'est bien assez des mots anglais et italiens que les courses de chevaux, les chemins de fer et la critique musicale ont introduits dans la langue française. Il y a déjà trop d'ivraie dans le bon grain. Notre langue n'est plus cette *gueuse fière* à laquelle, au dire d'Amyot, il fallait faire l'aumône malgré elle.

CHAPITRE X

LES HOTELS

Les étrangers riches qui viennent passer quelque temps à Paris pour y mener la vie à grandes guides font souvent partie des cercles. Pour ceux-là, qui n'ont pas d'intérieur et que l'amour des voyages ou les exigences des affaires éloignent et séparent de leurs familles, le cercle est une nécessité. Ils y vont lire, écrire, manger, fumer, jouer et causer. L'assiduité qu'ils mettent à s'y rendre est d'ailleurs parfaitement justifiée par le tapage et le tumulte qui règnent à présent dans tous les hôtels, et surtout dans ces immenses phalanstères où sont groupés des voyageurs arrivés des cinq parties du monde.

Ces étrangers n'arrivent pas, ils fondent sur Paris qui, pour eux tous, est la terre promise. Cette capitale a supprimé les villes de province. De Marseille, de Strasbourg, de Lille, du Havre, on va droit à Paris sans daigner visiter les endroits curieux qu'on traverse. Les Anglais eux-mêmes brûlent Rouen, la ville des églises et des monuments. C'est en vain que le *guide* qu'ils ont à la main les avertit qu'ils vont passer près de Saint-Ouen, près de Notre-Dame de Rouen, près de Saint-Maclou, près du Palais de justice, près de l'hôtel du Bourgtheroulde, près de la tour du Gros-Horloge, où il y a des cloches qui datent de Guillaume le Conquérant. Ils fuient ces merveilles, désireux qu'ils sont de parcourir les boulevards devenus la grande rue de l'Europe.

Les Méridionaux n'ont pas plus de respect pour Avignon, la ville du moyen âge, avec ses murailles intactes, ses portes crénelées, ses fossés, ses ponts-levis et son château des Papes. Vite, il faut arriver à Paris.

Les hôtels dans lesquels ces élus de la célérité descendent, ont depuis peu de temps changé complétement de physionomie. Nous n'en sommes plus à ces demeures paisibles où nos pères, après une journée de marche, pouvaient dîner tranquillement et se reposer au sein du calme et du silence. Ces hôtels ne brillaient point par l'élégance. L'hôtel de *l'Écu de France*, l'hôtel du *Lion d'or*, avec leurs enseignes en fer artistement travaillées, ont disparu. On me dira que ces hôtels avaient été pour la plupart établis dans des maisons réunies et soudées ensemble par des corridors et des escaliers tortueux. Cela est vrai. Mais dans ces réduits discrets, un gentilhomme qui arrivait en poste avec un simple valet et qui commandait un poulet et une omelette pour son souper faisait sensation. Les jolies demoiselles mettaient le nez à la fenêtre pour le regarder.

Dans les hôtels d'à présent, arrivez avec toute votre famille et une suite de trente personnes, on ne vous distinguera pas. Vous êtes englouti dans un flot de partants et d'arrivants qui, nuit et jour, roule dans es vastes cours de l'hôtel. A peine entré, vous perdez votre nom, qu'on remplace par un numéro inscrit sur votre clef et sur le fil électrique à l'aide duquel

6.

vous pourrez vous faire entendre dans ce tumulte pour demander ce dont vous avez besoin.

C'est peut-être là le progrès, mais à coup sûr ce n'est point le bien-être. L'homme ne peut que souffrir quand il est placé dans un milieu où son individualité disparaît, accablée sous les proportions surhumaines qui l'enveloppent. On dîne mal à une table de cent couverts, on ne sait pas où l'on est dans ces vastes salons où, dès le matin, on a le spectacle de cinq cents Anglais lisant le *Times* et mangeant des œufs frais. Vous sortez étourdi, ahuri. Dans la cour, c'est un autre tumulte. Ici les arrivants dressent des pyramides de caisses, de malles, de valises et de sacs de nuit; plus loin, ceux qui partent semblent emporter tout Paris, emballé dans du papier. Ajoutez à cette liste ceux qui restent. Ce ne sont pas les moins turbulents. Ils reçoivent des dépêches, ils en transmettent à leur famille, à leurs associés. Les facteurs sillonnent les cours, les escaliers et les corridors, portant ces dépêches qui informent celui-ci que sa femme est accouchée, cet autre que son caissier a disparu, ce troisième que le soleil a brûlé ses récoltes.

Il n'y a rien d'exagéré dans cette activité fiévreuse

dont je voudrais donner une idée. Allez dans la cour du grand hôtel du Louvre, et essayez de suivre le va-et-vient de ces domestiques, de ces cochers, de ces passants qui visitent les voyageurs et apportent des paquets. C'est le phalanstère, c'est la ruche avec son bourdonnement. Vous découvrirez dans quelque coin un visage étonné : c'est celui d'un campagnard que le train *express* a brutalement transporté du fond de la campagne dans cette fourmilière. Il erre vaguement, cherchant le silence et ne le trouvant pas. Ses oreilles et son cerveau exigent trois ou quatre jours pour s'habituer à de telles agitations.

CHAPITRE XI

LA CUISINE A PARIS

Il est impossible de ne pas consacrer un chapitre spécial à la façon dont on mange à Paris. La cuisine française a eu son temps de gloire et de renommée. Elle compte dans les fastes de son histoire des cuisiniers célèbres qui surent l'élever à la hauteur d'un art fort apprécié par toutes les intelligences du monde civilisé. Par malheur, les traditions se perdent, et si des gourmets habiles ne viennent pas à son secours, c'en est fait d'elle à tout jamais.

Avant d'aller plus loin, j'ouvre une parenthèse. Je

ne parle pas pour moi, qui suis condamné par la nature particulière de mon estomac à m'abstenir de boire et de manger ; si je pouvais prendre mon repas sous la forme d'une pilule, je réparerais ainsi mes forces. C'est donc du bonheur des autres que je m'occupe.

Les restaurateurs ne sont plus des artistes. Ils n'ont qu'un seul but : faire fortune promptement. Le moyen le plus sûr consiste donc à vendre très-cher et beaucoup. Je sais d'avance ce qu'on va me répondre. Les plus beaux morceaux de viande, les primeurs les plus délicates, les poissons les plus frais, les fruits les plus rares, les vins les plus exquis sont achetés par les restaurateurs et consommés par leur clientèle. Ceci ne prouve rien. Toutes ces excellentes choses peuvent être gâtées ou mal apprêtées par les cuisiniers.

Les torts qu'on peut reprocher à la cuisine moderne sont innombrables. Il est juste de mettre en première ligne le nombre trop restreint de mets qu'on a laissés sur les cartes et les menus. A Paris, on fait partout le même repas. Dînez chez un restaurateur, dînez dans le faubourg Saint-Germain, dans le faubourg Saint-

Honoré, à la Chaussée-d'Antin, au Marais, vous mangerez identiquement les mêmes choses. Les cuisiniers n'ont plus d'imagination. Ils étudient pendant deux ans, retiennent la recette d'une dizaine de plats, et avec cette éducation culinaire si incomplète ils se présentent comme maîtres d'hôtel. Autrefois, un cuisinier travaillait vingt ans avant d'oser se montrer chez un grand seigneur ou chez un millionnaire. Aussi il n'y a pas, à l'heure qu'il est, douze grands cuisiniers à Paris ; mais, par contre, la ville fourmille d'amalgameurs qui se vantent de pouvoir improviser en quelques heures un repas pour un grand nombre de convives. Ils considèrent les dîneurs comme ces voyageurs qui, deux fois par jour, sur les grandes lignes de chemin de fer, assaillent le buffet des gares et se jettent sur le menu préparé d'avance dans le réfectoire.

Le secret de l'art culinaire n'est pas consigné, comme tant de gens semblent le croire, dans la *Cuisinière bourgeoise*, dans *Carême* et dans le *Vatel des Familles*. La délicatesse d'un mets ne dépend pas uniquement de l'amalgame, exact et conforme à la formule, des ingrédients dont il se compose. Il faut ajouter à ces ingrédients l'œil et les soins du cuisinier, qui doit observer l'opération dans toutes ses phases et surveiller attentivement la cuisson.

Les anciens livres culinaires prescrivent tous pour première condition un local spécial à la cuisine. Ce laboratoire doit être pourvu d'une large croisée, permettant à l'air et à la lumière d'entrer. Il n'y a que les personnes qui ne savent point vivre qui puissent consentir à manger ce qu'on fabrique dans les *antres sombres*, décorés du nom de cuisines par les propriétaires modernes.

C'est à Taillevent, cuisinier de Charles VII, que remonte l'origine des mets que l'on sert à peu près partout. Ce fut lui qui inventa la sauce blanche. De son temps, cette sauce était exquise. Elle n'est plus depuis longtemps qu'une colle indigeste. Taillevent avait inventé une sauce particulière pour chaque espèce de viande, de gibier, de poisson et de volaille. En voici l'énumération : la sauce caméline, jaune, eau bénite, saupiquet, mostechan; galantine; à l'alose, à Madame, au montail, au lait, dodine; froide, Poitevin; râpée, Robert, rouge, verte, la percicienne; la poivrade jaune, la sauce muscade; la sauce blanche; la sauce à la rose, aux cerises, aux cormes, aux prunes, aux raisins, aux mûres.

Un Italien du nom de Platine, qui vivait vers la fin du seizième siècle, a laissé aussi d'excellents principes culinaires que les cuisinières du dix-huitième et du commencement du dix-neuvième siècle appliquaient avec soin.

Je ne saurais trop insister sur la décadence regrettable de la cuisine à Paris, parce que cet art tient une grande place dans une civilisation. Elle a toujours exercé une irrésistible influence sur les esprits. Nous lui devons une foule de productions précieuses, qui sans elle ne fussent jamais sorties des cerveaux qui les recélaient.

Brillat-Savarin a dit que la cuisine était le plus ancien des arts, car Adam naquit à jeun, et le nouveau-né à peine entré dans ce monde pousse des cris qui ne se calment que sur le sein de sa nourrice. Il prétend aussi que la destinée des nations dépend de la manière dont elles se nourrissent, et que la découverte d'un mets nouveau fait plus pour le bonheur du genre humain que la découverte d'une étoile.

Montesquieu, le sévère auteur de *la Grandeur et*

la décadence des Romains, dit quelque part : « Les gourmands assignent d'immenses différences de goût et de saveur entre une perche de lac ou de fleuve, entre un vin vieux de certain cru, et un vin vieux du même cru. Que de sensations perdues pour nous, mangeurs ordinaires! »

Voltaire écrivait en 1765 au comte d'Autrey :

« Il y a des nourritures fort anciennes et fort bonnes, dont tous les sages de l'antiquité se sont toujours bien trouvés. Vous les aimez, et j'en mangerais volontiers avec vous ; mais j'avoue que mon estomac ne s'accommode point de la nouvelle cuisine. Je ne puis souffrir un ris de veau qui nage dans une sauce salée, laquelle s'élève quinze lignes au-dessus de ce petit ris de veau. Je ne puis manger d'un hachis composé de dinde, de lièvre et de lapin, qu'on veut me faire prendre pour une seule viande. Je n'aime ni le pigeon à la crapaudine, ni le pain qui n'a pas de croûte. Je bois du vin modérément, et je trouve fort étranges les gens qui mangent sans boire et qui ne savent pas ce qu'ils mangent. — Je ne vous dissimulerai pas même que je n'aime pas du tout qu'on se parle à l'oreille quand on est à table, et qu'on dise ce qu'on a fait hier à son voisin, qui ne s'en soucie guère ou qui en abuse. Je ne désapprouve pas qu'on dise *Benedicite*, mais je souhaite qu'on s'en tienne là, parce que si l'on va plus loin on ne s'entend plus ; l'assemblée devient cohue, et on dispute à chaque service.

» Quant aux cuisiniers, je ne saurais supporter l'essence de jambon, ni l'excès des morilles, des champignons, et de poivre et de muscade, avec lesquels ils déguisent des mets très-sains eux-mêmes, et que je ne voudrais pas seulement qu'on lardât.

» Il y a des gens qui vous mettent sur la table un grand surtout où il est défendu de toucher ; cela m'a paru très-incivil. On ne doit servir un plat à son hôte que pour qu'il en mange, et il est fort injuste de se brouiller avec lui parce qu'il aura entamé un cédrat qu'on lui aura présenté. Et puis, quand on s'est brouillé pour un cédrat, il faut se raccommoder et faire une paix plâtrée, souvent pire que l'inimitié déclarée.

» Je veux que le pain soit cuit au four, et jamais dans un privé. Vous aurez des figues ou fruits, mais dans la saison.

» Un souper sans apprêt, tel que je le propose, fait

espérer un sommeil doux et fort plein, qui ne sera troublé par aucun songe désagréable.

» Voilà, monsieur, comme je désirerais avoir l'honneur de manger avec vous.

» Voltaire. »

Cette lettre prouve que M. de Voltaire savait au besoin sortir des nuages, et parler en faveur de son estomac, parce qu'il n'ignorait pas l'influence de cet organe sur son esprit.

Le divin Homère lui-même parle aussi de cuisine. Au livre IX de l'*Iliade*, il raconte ainsi la visite d'Ulysse à Achille :

« Aussitôt, Patrocle obéit aux ordres de son compagnon fidèle. Cependant Achille approche de la flamme étincelante un vase qui renferme les épaules d'une brebis, d'une chèvre grasse, et le large dos d'un porc succulent. Automédon tient les viandes que coupe le divin Achille ; celui-ci les divise en morceaux, et les perce avec des pointes de fer.

» Patrocle, semblable aux immortels, allume un grand feu. Dès que le bois consumé ne jette plus qu'une flamme languissante, il pose sur le brasier deux longs dards soutenus par deux fortes pierres, et répand le sel sacré.

» Quand les viandes sont prêtes, que le festin est dressé, Patrocle distribue le pain autour de la table dans de riches corbeilles ; mais Achille veut lui-même servir les viandes. Ensuite il se place vis-à-vis d'Ulysse, à l'autre extrémité de la table, et commande à son compagnon de sacrifier aux Dieux.

» Patrocle jette dans les flammes les prémices du repas, et tous portent bientôt les mains vers les mets qu'on leur a servis et préparés. Lorsque dans l'abondance des festins ils ont chassé la faim et la soif, Ajax fait un signe à Phénix ; Ulysse l'aperçoit, il remplit de vin sa large coupe, et s'adressant au héros : Salut, Achille, dit-il... »

C'est ainsi qu'Homère interrompit ses récits héroïques pour montrer un roi, un fils de roi et trois généraux grecs dînant fort bien avec du pain, du vin et de la viande grillée.

Cet exemple d'Homère encouragea Berchoux lorsqu'il composa son poëme de *la Gastronomie*. Lisons ces quelques vers qui rappellent le rôle important de la cuisine dans l'histoire romaine.

Après avoir parlé de l'inévitable Lucullus, importateur des cerises en Europe, Berchoux s'écrie :

« C'est alors que l'on vit des écuyers tranchants
Et des maîtres d'hôtel au service des grands.
Alors les cuisiniers, riches par leurs salaires,
Ne furent point comptés au rang des mercenaires.
Considérés, chéris dans leur utile état,
Ils marchèrent de pair avec le magistrat.
Des ragoûts les plus fins Marc-Antoine idolâtre,
Au sortir d'un dîner donné par Cléopâtre,
Ivre de bonne chère et grand dans ses amours,
Fit présent d'une ville avec ses alentours
A l'artiste fameux qui traita cette reine ;
Présent digne en effet de la grandeur romaine.

» A plusieurs plats nouveaux, d'un goût très-recherché,
Le nom d Apicius fut longtemps attaché ;
Il fit secte, et l'on sait qu'il s'émut des querelles
Sur les *apiciens* et leurs sauces nouvelles.

» On connaît l'appétit des empereurs romains,
Leur luxe singulier, leurs énormes festins.
Dans un repas célèbre, on dit qu'un de ces princes
Mangea le revenu de deux grandes provinces.
Vitellius, malgré son pouvoir chancelant,
De son règne bien court profita dignement.
Rien ne peut égaler la merveilleuse chère
Qu'en un jour d'appareil il offrit à son frère.

On y vit, s'il faut croire à ces profusions,
Plus de sept mille oiseaux et deux mille poissons ;
Tout y fut prodigué. L'excessive dépense
Du fils d'Ænobarbus passe toute croyance.
Je sais qu'il fut cruel, assassin, suborneur ;
Mais de son estomac je distingue son cœur.
Il se mettait à table au lever de l'aurore,
L'aurore en revenant, l'y retrouvait encore.
Claude, faible héritier du pouvoir des Nérons,
Préférait à la gloire un plat de champignons.
Tibère, retiré dans les îles Caprées,
N'y changea pas ses mœurs, des Romains abhorrées.
Caligula fit faire un repas sans égal
Pour son Incitatus, très-illustre cheval.
Je ne puis oublier l'appétit méthodique
De Géta, qui mangeait par ordre alphabétique. »

J'en reviens à Brillat-Savarin qui restera comme le dernier classique de la cuisine, entre Grimod de La Reynière, son prédécesseur, et M. Charles Monselet, son spirituel et savant historiographe. Brillat-Savarin est mort avec les derniers grands cuisiniers, mais il a consigné dans sa *Physiologie du goût* les préceptes avec lesquels les gourmets futurs pourront, quand ils le voudront, retrouver la bonne et succulente cuisine française. Il formule ainsi ses regrets et ses espérances dans une élégie qui mérite d'être citée.

ÉLÉGIE HISTORIQUE.

« Premiers parents du genre humain, dont la gourmandise est historique, qui vous perdîtes pour une pomme, que n'auriez-vous pas fait pour une dinde aux truffes? mais il n'était dans le paradis terrestre ni cuisiniers ni confiseurs.

» Que je vous plains !

» Rois puissants qui ruinâtes la superbe Troie, votre valeur passera d'âge en âge ; mais votre table était mauvaise. Réduits à la cuisse de bœuf et au dos de cochon, vous ignorâtes toujours les charmes de la matelotte et les délices de la fricassée de poulets.

» Que je vous plains !

» Aspasie, Chloé, et vous toutes dont le ciseau des Grecs éternisa les formes pour le désespoir des belles d'aujourd'hui, jamais votre bouche charmante n'aspira la suavité d'une meringue à la vanille ou à la rose ; à peine vous élevâtes-vous jusqu'au pain d'épice.

» Que je vous plains!

» Douces prêtresses de Vesta, comblées à la fois de tant d'honneurs et menacées de si horribles supplices, si du moins vous aviez goûté ces sirops aimables qui rafraîchissent l'âme, ces fruits confits qui bravent les saisons, ces crèmes parfumées, merveilles de nos jours.

» Que je vous plains !

» Financiers romains qui pressurâtes tout l'univers connu, jamais vos salons si renommés ne virent paraître ni ces gelées succulentes, délices des paresseux, ni ces glaces variées, dont le froid braverait la zone torride.

» Que je vous plains !

» Paladins invincibles, célébrés par des chantres gabeurs, quand vous auriez pourfendu des géants, délivré des dames, exterminé des armées, jamais, hélas!

jamais une captive aux yeux noirs ne vous présenta le champagne mousseux, le malvoisie de Madère, les liqueurs, création du grand siècle ; vous en étiez réduits à la cervoise ou au surêne berbé.

» Que je vous plains !

» Abbés crossés, mitrés, dispensateurs des faveurs du ciel ; et vous, Templiers terribles, qui armâtes vos bras pour l'extermination des Sarrasins, vous ne connûtes pas les douceurs du chocolat qui restaure, ou de la fève arabique qui fait penser.

» Que je vous plains !

» Superbes châtelaines qui, pendant le vide des croisades, éleviez au rang suprême vos aumôniers et vos pages, vous ne partageâtes point avec eux les charmes du biscuit et les délices du macaron.

» Que je vous plains!

» Et vous enfin, gastronomes de 1825, qui trouvez la satiété au sein de l'abondance, et rêvez des préparations nouvelles, vous ne jouirez pas des découvertes que les sciences préparent pour l'an 1900, telles que les esculences minérales, les liqueurs, résultat de la pression de cent atmosphères ; vous ne verrez pas les importations que des voyageurs qui ne sont pas encore nés feront arriver de cette moitié du globe qui reste encore à découvrir ou à explorer.

» Que je vous plains ! »

Le temps seul pourra dire si Brillat-Savarin aura trop présumé de la sensualité et de la gourmandise de ses arrière-neveux. Il avait, comme on le sait, sur le rôle de la cuisine dans la vie civilisée, des idées particulières. Il la rattachait aux plaisirs les plus délicats de l'esprit, et il aurait voulu que dans nos fêtes elle fît alliance avec les arts et la poésie. Cette idée le poursuivit à ce point de lui avoir fait écrire un programme trop curieux pour ne pas être rappelé. Voici les raffinements qu'il avait rêvés :

« Supposons, dit-il, qu'un homme connu pour être puissamment riche voulût célébrer un grand événement politique ou financier, et donner à cette occasion une fête mémorable, sans s'inquiéter de ce qu'il en coûterait ;

» Supposons qu'il appelle tous les arts pour orner le lieu de la fête dans ses diverses parties, et qu'il ordonne aux préparateurs d'employer pour la bonne chère toutes les ressources de l'art, et d'abreuver les convives avec ce que les caveaux contiennent de plus distingué ;

» Qu'il fasse représenter pour eux, en ce dîner solennel, deux pièces jouées par les meilleurs acteurs ;

» Que, pendant le repas, la musique se fasse entendre, exécutée par les artistes les plus renommés, tant pour les voix que pour les instruments ;

» Qu'il ait fait préparer, pour entr'actes, entre le dîner et le café, un ballet dansé par tout ce que l'Opéra a de plus léger et de plus joli ;

» Que la soirée se termine par un bal qui rassemble deux cents femmes choisies parmi les plus belles, et quatre cents danseurs choisis parmi les plus élégants ;

» Que le buffet soit constamment garni de ce qu'on

connaît de mieux en boissons chaudes, fraîches et glacées ;

» Que, vers le milieu de la nuit, une collation savante vienne rendre à tous une vigueur nouvelle ;

» Que les servants soient beaux et bien vêtus, l'illumination parfaite ; et, pour ne rien oublier, que l'amphitryon se soit chargé d'envoyer chercher et de reconduire commodément tout le monde.

» Cette fête ayant été bien entendue, bien ordonnée, bien soignée et bien conduite, tous ceux qui connaissent Paris conviendront avec moi qu'il y aurait dans les mémoires du lendemain de quoi faire trembler même le caissier de Lucullus.

» En indiquant ce qu'il faudrait faire aujourd'hui pour imiter les fêtes de ce Romain magnifique, j'ai suffisamment appris au lecteur ce qui se pratiquait alors pour les accessoires obligés des repas, où l'on ne manquait pas de faire intervenir les comédiens, les chanteurs, les mimes, les grimes, et tout ce qui peut contribuer à augmenter la joie des personnes qui n'ont été convoquées que dans le but de se divertir.

Brillat-Savarin pouvait rêver de telles extravagances, parce qu'il avait connu dans sa jeunesse les gourmets élégants du dix-huitième siècle. Dans ce temps-là, les grands seigneurs et les fermiers généraux avaient des cuisiniers habiles qui se préoccupaient encore de l'art de faire bien dîner leurs convives, sans les exposer à des affections d'estomac.

Jusqu'à la fin de ce dix-huitième siècle, les financiers furent les héros de la gourmandise. Leurs tables étaient plus somptueuses que celles des grands seigneurs. Brillat-Savarin explique très-bien pourquoi il dut en être ainsi :

« L'aristocratie nobiliaire, fait-il observer, eût écrasé les financiers sous le poids de ses titres et de ses écussons, si ceux-ci n'y eussent opposé une table somptueuse et leurs coffres-forts. Les cuisiniers combattaient les généalogistes, et quoique les ducs n'attendissent pas d'être sortis pour persifler l'amphitryon qui les traitait, ils étaient venus, et leur présence attestait leur défaite.

» D'ailleurs tous ceux qui amassent beaucoup d'argent et avec facilité sont presque indispensablement obligés d'être gourmands.

» L'inégalité des conditions entraîne l'inégalité des richesses, mais l'inégalité des richesses n'amène pas l'inégalité des besoins ; et tel qui pourrait payer chaque jour un diner suffisant pour cent personnes est souvent rassasié après avoir mangé une cuisse de poulet. Il faut donc que l'art use de toutes ses ressources pour ranimer cette ombre d'appétit par des mets qui le soutiennent sans dommage et le caressent sans l'étouffer. C'est ainsi que Mondor est devenu gourmand, et que de toutes parts les gourmands ont accouru auprès de lui.

» Dans toutes les séries d'apprêts que nous présentent les livres de cuisine élémentaire, il y en a toujours un ou plusieurs qui portent pour qualification : *à la financière*. Et on sait que ce n'était pas le roi, mais les fermiers généraux qui mangeaient autrefois le premier plat de petits pois, qui se payait toujours huit cents francs. »

La création des restaurants fameux, remplaçant les cabarets, eut lieu, alors que la cuisine dans les grandes maisons commença à décliner. A partir de cet instant, les passants eurent l'avantage de pouvoir délicatement dîner. Beauvilliers, qui s'établit vers 1782, a été pendant plus de quinze ans le plus fameux restaurateur de Paris. On trouvait dans ses salons des mets délicats pareils à ceux servis sur la table du roi et sur celles des grands seigneurs et des fermiers généraux. Il faut citer après lui Méot, Robert, Rose, Legacque, etc., etc., qui ont fondé la plupart des restaurants encore à la mode à présent.

Pendant ces dernières années, la cuisine de ces grands restaurants a beaucoup perdu. D'abord, ainsi que je l'ai dit, les cuisiniers habiles ont disparu. C'est une race à peu près éteinte. Il y a bien encore çà et là quelques artistes qui excellent à préparer un nombre fort restreint de plats, mais il n'y a plus d'homme complet. Je signalerai à la fin de ce chapitre les exceptions qu'il importe de faire. Tout a, d'ailleurs, contribué à précipiter cette décadence. Les consommateurs ont cessé d'être gourmets. Ensuite Paris, livré par les chemins de fer aux étrangers, a reçu dans ses murs une foule de mangeurs qui ne soupçonnaient pas ce qu'était au commencement de ce siècle cette exquise cuisine française. Les restaurateurs purent servir à ces affamés des sauces manquées, des viandes mal cuites, des vins suspects; ils ne formulèrent aucun reproche, et payèrent sans murmurer un prix exorbitant. Ils crurent que ces médiocrités étaient nos friandises.

Cette décadence de la cuisine, n'eut pas seulement pour cause le peu de savoir des cuisiniers, elle résulta également des modifications radicales apportées aux ustensiles culinaires. La broche, la poêle et le gril qui formaient comme le trident de cet art, ont été supprimés. Il faut entrer ici dans un détail qui a son importance. Je veux parler de l'introduction des fourneaux à charbon de terre, établis dans toutes les maisons [1]. La substitution de ce charbon de terre au bois, est ce qui a porté le dernier coup à la cuisine. Certes un pot au feu, une côtelette, un rôti exposés aux ardeurs de ce foyer, arrivent au degré de cuisson désirable, mais ce mode de cuisson est détestable, il

---

[1] Il y a encore quelques restaurants qui ont conservé des broches au bois, mais presque partout on grille les viandes sur du cock, le gril emprisonné dans un fourneau de fonte chauffé à blanc.

soumet la viande à des transitions brusques qui la désagrègent mal, la privent de son goût et la rendent indigeste. Ce faisan est bon, s'écriait ce gourmet, par malheur il a été rôti avec du bois flotté. Allez chercher ce gourmet et proposez-lui de goûter des viandes cuites dans ces fourneaux économiques. Il sortira de table, cela est certain, sans goûter à cette scandaleuse chimie.

Si du sanctuaire de la cuisine nous passons dans les salons, nous trouvons là encore des inconvénients et des erreurs capables d'éteindre les appétits les plus féroces et les plus déterminés. Ces salons presque tous trop bas de plafond, sont convertis en fournaises par ces épouvantables et dangereux becs de gaz. Les dîneurs ont tous des faces apoplectiques. Cette lumière criarde et blafarde stupéfie tous ceux qu'elle touche. Elle a le tort surtout de maculer désagréablement le visage des femmes. Celles précisément qui brillent par une carnation éclatante, sont défigurées par ces ombres violentes.

Cet abominable gaz devrait être mis systématiquement à la porte des restaurants, des théâtres et de tous les endroits publics. On pourrait à la rigueur encore, le tolérer dans les escaliers. Mais sa véritable place est à l'extérieur. Autant il est utile pour bien éclairer les rues, autant il est intolérable à l'intérieur. C'est l'absinthe des yeux, c'est, pour tout dire enfin, le digne pendant de la photographie. L'industrie qui sait accomplir des prodiges devrait bien trouver un moyen de nous ramener à l'usage de la bougie de cire, c'est-à-dire à cette lumière exquise, laiteuse, caressante, bien élevée dont l'éclat bienveillant rehausse celles qu'il touche à ce point de donner à une bourgeoise passable comme un reflet de duchesse.

Nos cuisiniers, ainsi que je l'ai dit, n'ont plus aucune imagination. Ils dorment sur leur carte, et paraissent décidés à nous imposer toujours les mêmes plats ; autrefois au contraire, c'était la fantaisie et la variété qui présidaient aux festins. J'ai trouvé dans l'histoire et dans certaines chroniques la description de menus célèbres qui passeront à la postérité. Voici par exemple celui du repas ordonné en 1455 par ce Taillevent dont j'ai déjà parlé, cuisinier du roi Charles VII, pour le comte d'Anjou. J'emprunte ces détails à *la Vie privée des Français*, par Legrand d'Arcy, tome III, page 273 :

« La table était garnie d'un dormant qui représentait une pelouse verte... Le premier service consistait en un civet de lièvre, un quartier de cerf qui avait passé une nuit dans le sel, un poulet farci et une demi-longe de veau. Ces deux derniers objets étaient couverts d'un brouet d'Allemagne, de rôties dorées, de dragées et de grenades. C'était peu, assurément, que ces quatre plats pour un grand festin ; mais à chaque extrémité, et en dehors de la pelouse, il y avait un énorme pâté surmonté d'autres plus petits, qui lui servaient de couronne. La croûte des deux grands était argentée tout autour et dorée en dessus. Chacun d'eux contenait un chevreuil entier, un oison, trois chapons, six poulets, six pigeons, un lapereau, et (sans doute pour servir de farce et d'assaisonnement), une longe de veau hachée, deux livres de graisse et vingt-six jaunes d'œufs durs, couverts de safran et lardés de clous de girofle. Pour les trois services suivants, c'était un chevreuil, un cochon, un esturgeon cuit au persil et au vinaigre, et couvert de gingembre en poudre ; un chevreau, une longe de veau, deux oisons, douze poulets, autant de pigeons, six lapereaux, deux hérons, deux poches, deux cosmeaux, un levraut, un chapon gras farci, un hérisson avec une sauce, quatre poulets dorés avec des sauces d'œufs et couverts de poudre du duc; un sanglier artificiel, fait avec de la crème frite; des darioles, des étoiles; une gelée moitié blanche, moitié rouge, laquelle représentait les armes des trois personnes nommées ci-dessus; une crème brûlée à la poudre du duc et parsemée de graines de fenouil confites au sucre; du lait lardé, une crème blanche, du fromage en jonchées, des fraises; enfin, des prunes confites et étuvées dans l'eau rose. Outre ces quatre services, il y en eut un cinquième, composé uniquement de ces vins apprêtés, qui étaient alors d'usage, et de ces confitures qu'on nommait *épices*. Celles-ci consistaient en fruits confits et en diverses pâtes sucrées. Les pâtes sucrées représentaient des cerfs et des cygnes au col desquels étaient suspendues les armes du comte et celles de mesdemoiselles de Chateaubrun et de Villequier pour lesquelles on donnait la fête. »

Ces enjolivements, qui donnaient une physionomie pittoresque aux festins, se reproduisaient partout. J'en trouve la preuve dans l'*Histoire des ducs de Bourgogne*, de M. de Barante. Il décrit ainsi le repas magnifique donné à Lille par Philippe le Bon avant son départ pour la croisade qu'il avait projetée contre les Turcs :

« On avait dressé, dit-il, trois tables chargées de belles décorations. Sur la table du duc étaient : une église avec ses vitraux, ses cloches, son orgue et des chantres dont la voix accompagnait cet instrument. Une fontaine qui représentait la figure toute nue d'un petit enfant jetant de l'eau de rose, un navire avec ses mâts, ses voiles et les matelots grimpant aux cordages qui faisaient la manœuvre de mer ; une prairie plantée de fleurs et d'arbrisseaux avec des rochers de rubis et de saphirs ; au milieu, une fontaine représentant saint André sur sa croix. Sur la seconde table on voyait un pâté qui renfermait un concert tout entier, de vingt-huit musiciens. Le château de Lusignan avec ses fossés et ses tours. Sur la plus haute, se montrait la fée Mélusine avec sa queue de serpent ; un moulin placé sur un tertre. Au haut était une pie, et des gens de tous états tiraient dessus avec leurs arbalètes ; un vignoble, au milieu duquel étaient les deux tonneaux du bien et du mal avec leurs liqueurs douces et amères : un homme, richement habillé, donnait à choisir ; un désert, où un tigre combattait un serpent ; un sauvage sur son chameau ; un homme qui battait un buisson d'où s'envolaient de petits oiseaux. Près de là, sous un berceau de roses, un chevalier et sa mie guettaient les oiseaux chassés par l'autre, et les prenaient en se moquant de lui ; un ours monté par un fou, gravissant une montagne glacée ; un lac environné de villages et de châteaux avec une barque qui y voguait. La troisième table était plus petite ; elle n'avait que trois décorations, un porte-balle qui apportait sa marchandise dans un village ; une forêt des Indes avec des animaux féroces ; un lion attaché à un arbre, et près de lui un homme qui battait son chien. — Le buffet resplendissait de vases d'or, d'argent et de cristal. Il était surmonté de deux colonnes. L'une portait une statue de femme à demi vêtue d'une draperie blanche... de ses mamelles jaillissait de l'hypocras ; un lion vivant était attaché à l'autre colonne par une forte chaîne en fer. Au-dessus, on lisait : Ne touchez point à ma dame. Autour de la salle régnaient des échafauds en amphithéâtre pour les spectateurs... Quand chacun fut assis le service commença. Chaque plat était porté par un chariot d'or et d'azur qui descendait du plafond. En guise de *Benedicite*, les musiciens de l'église et du pâté chantèrent une très-douce chanson, puis commencèrent les intermèdes. »

A présent plus que jamais, les grands repas sont à la mode, mais ils sont d'une désolante simplicité. Ils n'ont surtout plus rien qui rappelle une fête ou une réjouissance publique. Et puis c'est toujours le même dîner qu'on sert aux princes et aux ambassadeurs. En 1851, le conseil municipal de Paris et le préfet de la Seine offrirent à sir Charles Musgrove, lord-maire de la cité de Londres, un dîner dont voici le menu :

Potages : Printaniers, coulis d'écrevisses et à la reine.

Relevés : Turbots à la hollandaise, rosbifs à la royale, chapons à la Godard; selles de mouton anglais, quartier de venaison sauce poivrade.

Flancs et contre-flancs : Gros saumons de la Loire sauce verte et sauce mayonnaise; gros buissons de coquillages, grosses écrevisses du Rhin, crevettes et homards, pâtés de foie gras en croûte, jambon de Westphalie, galantine à la gelée.

Entrées : Filets de volaille en suprême, caisses de foie à l'indienne, petites bouchées purée gibier, chaud-froid de perdreaux rouges, côtelettes de jeunes sangliers à la Villeroy, turbans de filets de soles, czémouski à la polonaise, bastillans de jeunes poulets au salpicon.

Rôts : Rôts de deux dindonneaux aux truffes, rôts variés de cailles et perdreaux.

Entremets : Ceps de Bordeaux, puddings de cabinet, gelées de fruits, gâteaux napolitains, légumes nouveaux, tymbales de macaroni, crème vanille, gâteaux munich.

Hors-d'œuvre : Melon, figues, olives, anchoix, thon, pickles, bols de punch à la romaine, fromages glacés.

Dessert : Surtouts garnis de fruits et de fleurs, coupes de fruits, gros raisin blanc et noir, pêches, abricots, brugnons, etc., girandoles de bonbons assortis, tambours de petits fours variés ; assiettes de fromages : chester, roquefort, maquelines ; café, eau-de-vie, marasquin, thé et crème.

Vins : Madère, sherry, clos-vougeot, romanée, chambertin, haut-médoc-léoville, château-margaux, château-laffitte, haut-sauterne blanc.

Vins de dessert : Malaga, pacaret, moët et Aubryet.

Ce menu, stéréotypé par les grands cuisiniers, a, depuis cette époque, été répété à Paris et dans toutes les grandes villes de France qui ont voulu festoyer. Je l'ai retrouvé pour ma part à Avignon, lors de l'inauguration de la statue du duc de Crillon ; à Limoges, lors du voyage du prince Napoléon ; à Strasbourg, lors de l'inauguration du pont de Kehl ; à Sens, lors de l'inauguration de la statue du baron Thénard, etc. On le retrouvera encore pendant longtemps aux futures inaugurations.

Cette monotonie des banquets officiels existe également dans les dîners particuliers de la société parisienne. On va comprendre pourquoi il en est ainsi. Dans les ménages, les bonnes cuisinières, les *cordons bleus,* sont rares et exigeants. Les maîtresses de maison, de leur côté, n'aiment pas recevoir, parce qu'il faut livrer à des domestiques maladroits des cristaux de valeur, des porcelaines fragiles et des pièces d'argenterie polies à neuf. Cette répugnance générale a suggéré l'idée à deux ou trois restaurateurs qui ont accaparé le monopole de cette exploitation, de servir à domicile les dîners qui leur sont commandés la veille. A cinq heures, la livrée et les fourgons de ces fournisseurs viennent prendre possession de la salle à manger. La maîtresse de la maison ne fournit que la table; elle conserve dans sa poche les clefs de toutes ses armoires, on ne touche à rien. La table est dressée, et le repas servi par les envoyés du restaurateur qui sont en habit noir et en cravate blanche. Un quart d'heure après le dessert, ces envoyés enlèvent la vaisselle, le linge, et balayent la salle à manger. Il n'y a point trace de dérangement dans l'appartement; ce dont madame est enchantée.

Considéré à ce point de vue, ce système a du bon, mais c'est grâce à lui qu'à Paris on mange partout la même chose. Hier chez un magistrat du Marais, aujourd'hui chez un financier de la chaussée d'Antin, demain chez un propriétaire du faubourg Saint-Honoré;

dans huit jours chez un savant du quartier du Luxembourg, vous aurez mangé, ou vous mangerez le même turbot à la hollandaise, le même chapon à la Godard, le même jambon de Westphalie, le même dindonneau aux truffes, parce que les femmes de ce magistrat, de ce financier, de ce propriétaire et de ce savant se seront adressées à la même usine culinaire, laquelle chaque jour débite partout cet inexorable menu. Nous le voyons passer sur les boulevards enfermé dans un fourgon très-bien tenu. Le conducteur va distribuer çà et là des entrées, des rôtis et des desserts, comme l'omnibus de la poste aux lettres distribue ses facteurs.

Il serait injuste de clore ce chapitre sans rendre hommage aux artistes culinaires qui ont fait manger, et font encore manger à la génération présente, des mets exquis apprêtés selon la formule. Voici quelques-uns des survivants célèbres.

Il faut citer d'abord MM. Benoist, chef, et Brost, sous-chef de la maison de S. M. l'Empereur.

Dugléré (Adolphe), qui dirige et ramène à son ancienne splendeur le restaurant des Trois Frères Provençaux au Palais-Royal. Il fut pendant vingt ans cuisinier de M. le baron de Rothschild à la table duquel vinrent s'asseoir les plus grands gourmets de l'Europe. Il est l'élève du fameux Léchard. Il aime passionnément les tableaux, et il sait écrire très-élégamment sur la cuisine.

Dagrain, cuisinier français au service de S. M. la reine d'Angleterre.

Gauché, ancien chef de M. le comte de Laferronnaie, ambassadeur de Russie sous la Restauration. Il est retiré. Il consentit à faire partie de la maison que M. le comte de Morny emmena avec lui à Saint-Pétersbourg lors du couronnement de l'empereur Alexandre II.

Tournon, ancien chef de M. Hopp. Il est retiré à Maison-Laffitte où quelquefois il veut bien mettre la main à la pâte, et faire manger des choses exquises aux Parisiens qui passent près de sa demeure.

Ducros, attaché à la maison de M. le comte de Morny.

Gilet, chef de M. le duc Pasquier. Il excelle à préparer certains mets qui flattent le palais du très-honorable ancien chancelier. Saubat, cuisinier de M. le comte Walewski, ministre d'État.

Le père Chandelier, dernier cuisinier de l'empereur

Napoléon Ier. Il suivit son maître à Sainte-Hélène. Il existe encore, mais accablé par l'âge. Il faut ajouter à ce nom ceux de : Vénard, Dunant Forey, Lebeau, Lacombe, Lecomte, Gaillot et Hertin qui furent également attachés à la maison de l'empereur Napoléon Ier.

Bellot, cuisinier de M. le comte de Peyronnet sous la Restauration.

Parmi les cuisiniers morts depuis peu d'années, et qui avaient acquis une réputation méritée, il faut citer Savard, cuisinier du roi Louis-Philippe, mort à quatre-vingt-quatre ans ; Carême, auteur du dictionnaire, mort en 1838 au service de M. le baron de Rothschild ; Plumeret, continuateur du livre de Carême, mort au service du prince de Talleyrand ; Alexandre, cuisinier du maréchal Suchet ; Bernard, réputé le plus habile, ancien cuisinier du roi Joachim Murat. (On dit qu'il vit encore retiré dans un village.) Léchard, chef des cuisines de la princesse Bagration.

Toutes ces gloires culinaires n'admettraient pas nos menus d'aujourd'hui. Elles ne comprendraient ni notre cuisine bourgeoise, ni celle des restaurants. Elles ne pourraient opérer qu'avec ces profusions d'ingrédients

8.

qui autrefois étaient tenus à leur disposition. Le secret de leur art consistait à quintescencier le goût, soit de la viande, soit du poisson, soit du gibier, au moyen de comestibles semblables sacrifiés à la distillation, et dont le parfum et le fumet ravis par cette opération, étaient ajoutés comme condiments à la pièce servie sur la table.

Ce système n'était pas économique, j'en conviens. Là n'est pas la question lorsqu'il s'agit de luxe.

———

CHAPITRE XII

L'ART ET LE LUXE

J'aborde dans ce chapitre deux points très-importants : le luxe et l'art.

Le luxe est, dit-on, très-grand à Paris, et, au dire des pessimistes, appelle par ses abus le rétablissement des lois somptuaires. C'est là une double erreur. D'abord, le luxe moderne est fort contestable; ensuite, s'il ne fait pas le bonheur de ceux qui l'affichent, il profite directement aux plus pauvres et aux plus déshérités de ce bas monde. Tout ce qui le constitue est produit et fabriqué par des myriades d'ouvriers qui ne seraient plus occupés si les prodigues devenaient économes. Ce sont les grandes fortunes qui soutiennent les États.

Les grandes fortunes offrent encore cet avantage de permettre, en temps de crise, d'en conjurer les rigueurs et d'en abréger la durée. L'Angleterre, si formidablement puissante en commerce et en industrie, ne doit cette suprématie qu'au maintien dans sa législation d'une espèce de droit d'aînesse, en vertu duquel, même à la mort d'un industriel, sa fortune n'est pas forcément divisée entre ses héritiers. Cette force, conservée à l'État, lui profite bien plus que les fractions et les morceaux qu'on pourrait faire avec elle, et qui ne seraient que la substitution de plusieurs médiocrités à une supériorité. L'économie politique ne s'est jamais bien rendu compte d'un tel résultat. Cette science, égarée par une application trop rigoureuse du principe de l'égalité, a propagé, à ce propos, une foule de malentendus dans la société. L'égalité pour la personne devant la loi est un dogme social, mais les combinaisons imaginées pour ramener la possession des biens de ce monde à l'égalité sont autant d'erreurs. Un retour radical à la loi agraire n'empêcherait pas une inégale répartition des biens de se reproduire aussitôt, parce que la nature humaine a été et sera, quoi qu'on fasse, rebelle à un tel état de choses, que des moralistes aveugles et des déclamateurs sans cervelle ont pu seuls rêver. Une société comportera toujours des riches et des pauvres, des avares et des prodigues. En vain on espère que l'économie, l'ordre et l'épargne, vantés et prescrits dans des livres édifiants, deviendront les vertus de tout le monde. C'est la nature, c'est le tempérament, ce sont nos passions, contre lesquels les préceptes ne peuvent rien, qui décident si nous serons riche ou pauvre. Je supplie de bien remarquer que cette proposition n'équivaut pas à dire, ce qui serait très-loin de ma pensée, que la morale est inutile et sans influence. La morale, en tant que frein, n'a rien à voir ici, par la raison que ce n'est pas plus une vertu d'être riche que ce n'est un vice d'être pauvre. Il y a des anges et des démons tout aussi bien parmi les uns que parmi les autres. L'avare couvant ses trésors, qui refuse deux sous à un pauvre, est un être plus coupable, en saine morale, que le prodigue qui a jeté son patrimoine par la fenêtre.

Les progrès de la science ont d'ailleurs changé

complétement les termes de cette question du luxe et des richesses, sur laquelle les philosophes d'Athènes et de Rome ont autant discuté que les philosophes modernes. Autrefois, le luxe et la richesse furent l'apanage d'un petit nombre d'élus. Des générations d'ouvriers, attachés a la roue, travaillaient pour quelques fainéants que des législations absurdes, dictées par l'erreur et la superstition, plaçaient au sommet de l'échelle sociale. Aussi Aristote disait-il au chapitre V du livre Ier de sa *Politique*, que « les hommes » n'étaient point naturellement égaux ; que les uns » naissaient pour l'esclavage et les autres pour la do- » mination. » Je n'ai pas besoin de rappeler où sont allées ces erreurs. La société moderne, appuyée sur les bases du droit juste, réalise depuis plusieurs années le grand problème de la démocratisation du bien-être. J'applaudis de toutes mes forces à ce philanthropique résultat, en vertu duquel une certaine aisance s'est substituée à peu près partout en France, à cette misère douloureuse qui condamnait des millions de chrétiens à vivre plus péniblement que les bêtes. Grâce aux progrès du temps, presque tous les hommes mangent du pain blanc et de la viande, et ont pendant l'hiver un vêtement chaud à poser sur leurs épaules. Voltaire, s'il parcourait la campagne, ne rencontrerait plus, comme de son temps, des bergers moins bien vêtus que les moutons qu'ils conduisaient. Il y a certes beaucoup de choses à faire. Le gouvernement et la philanthropie privée y songent, et font une guerre sans trêve à la misère.

Je ne m'étendrai pas plus sur ce sujet, et je procède ainsi, non parce que j'en méconnais l'importance ; mais parce que je poursuis un autre but, celui tout opposé d'esquisser le tableau du luxe à Paris.

Cette démocratisation du bien, en se réalisant, a substitué le faux luxe au vrai. Le clinquant a fait irruption partout. L'abolition des jurandes et des maîtrises est venue porter le dernier coup à l'art. En plaçant les ouvriers dans de nouvelles conditions, nous avons supprimé les corporations et l'esprit de corps. A ce propos, je rappellerai cette prédiction échappée à un esprit dont on ne suspectera point la sincérité. C'est de Marat que je veux parler. En supprimant les maîtrises, disait-il, vous enlevez aux ouvriers *le point d'honneur !* Ce mot explique tout ce que nous voyons. Lorsque l'ouvrier savait que son travail serait contrôlé par son maître, il s'appliquait afin de n'être point blâmé, et aussi pour obtenir un grade dans sa compagnie. Ainsi s'étaient formées ces corporations d'artistes, depuis les maçons travaillant à un pilier de cathédrale jusqu'au ciseleur taillant un morceau d'or [1].

Dans ce temps-là, les objets artistement travaillés étaient achetés par des grands seigneurs qui consentaient à en payer la valeur. C'était l'époque de la qualité. Aujourd'hui, et là est l'excuse de nos ouvriers modernes, ces perfections ne trouveraient pas d'acheteurs. Elles n'auraient pour clientèle que ces amateurs, ces antiquaires savants qu'on voit rôder à l'hôtel des ventes ou autour des magasins de curiosités. On gagne bien plus à fabriquer ces objets grossiers, communs, qui vont partout et conviennent à toutes les bourses, à toutes les catégories sociales. C'est l'époque de la quantité. Au dix-huitième siècle, on ne livrait aux acheteurs et aux consommateurs que ces meubles en marqueterie, et ces pendules merveilleuses que les délicats se disputent encore

[1] Lire à ce sujet les minutieuses études sur les corporations et les corps de métiers au moyen âge, publiées dans le *Moniteur*, par M. Léon Michel.

dans les ventes. On aurait dédaigneusement repoussé ces pendules hideuses, surmontées de Spartacus goutteux, de Pierre le Grand souriants, de Galilée rêveurs, de Joconde épanouis, et d'autres personnages voués au ridicule par cette abominable quincaillerie, qui trônent avec tant d'impudence sur nos cheminées. Si le nombre des connaisseurs est si limité en France, cela tient évidemment à la dégénérescence opérée dans nos esprits par la vue incessante de tous ces objets difformes qui meublent nos demeures. On rendrait un signalé service au bon goût en nous débarrassant à jamais de ces boutons de porte en faux bronze, de ces espagnolettes à fioritures, de ces clous à crochet à tête d'ange ou d'amour, de ces garnitures de cheminée agaçantes. Ayons donc le courage de donner un congé définitif à ces Lares disgracieux, à ces Pénates horribles, dont l'aspect continuel finira par éteindre complétement en nous le sentiment du beau. Que le Beau sorte enfin du cimetière des musées et se mêle à la vie !

Il existe à Paris un grand nombre de bazars dans lesquels sont exposés les innombrables ustensiles dont se sert l'homme civilisé. Est-il possible d'imaginer quoi que ce soit de plus lourd, de plus répulsif à l'œil que les modèles adoptés par les fabricants? Ces objets vous poursuivent partout. Comparez-les avec leurs pareils du siècle passé et vous verrez que tout l'avantage est pour ces derniers.

Il ne s'agit pas d'accuser, il faut prouver ce qu'on avance. Cela ne me sera pas difficile. Je prends nos clés et nos serrures, et je les compare à celles des siècles précédents. Nos clés ont toutes la même forme. M. Fichet sait les faire petites, j'en conviens, mais quand elles ne sortent pas de ses ateliers, ce ne sont plus que de grossiers morceaux de fer. Les serrures sont des boîtes informes. Autrefois, au contraire, les clés et les serrures étaient des objets d'art, ciselés et ornementés comme des bijoux. Il y a au Louvre des collections de loquets, de clés et de serrures, des dix-septième et dix-huitième siècles, qui sont des merveilles d'élégance et d'originalité. Parmi ces échantillons, il s'en trouve qui décoraient l'humble porte d'une chaumière.

Il en est de même de nos rampes d'escalier, de nos balcons et de nos portes. Les rampes du seizième, du dix-septième et du dix-huitième siècle étaient souples, molles et légères comme des pousses d'arbre : le vent semblait les agiter. Quand une femme montait un escalier ou s'appuyait sur un balcon, on l'apercevait comme à travers des branches. Nous avons remplacé cette variété infinie dans les sinuosités et les courbures données au fer, par des barreaux parallèles d'une nudité et d'une uniformité repoussantes. Dans ce temps, l'ouvrier avait la patience de tordre le fer, qui conservait alors la fierté du vaincu. A présent, le fer est converti en fonte, et cette fonte n'offre plus à l'œil que l'humiliation de l'esclave.

Nos meubles modernes sont d'une pauvreté désespérante. Depuis plus de cinquante ans le mauvais goût a entassé dans nos appartements des lits, des fauteuils, des tables, des armoires et des secrétaires de formes communes et gênantes, qui se chargent de rehausser encore la perfection et la grâce des meubles anciens. Cela est si vrai, que toute personne riche ou difficile qui rêve un peu de luxe, est obligée d'en revenir aux meubles du dix-huitième siècle, et de les faire imiter servilement. Ce prétendu progrès, que des optimistes myopes s'obstinent à voir partout, n'est en réalité qu'une décadence. Nous n'avons su rien inventer. Tous nos modèles remontent à nos grands-pères. Essayons de comparer les ferrures et les bronzes de nos meubles, de nos portes et de nos croisées avec ceux du siècle précédent. C'est à rougir du mauvais goût, du peu de soin, de la grossièreté de nos ouvriers modernes. Des consommateurs complaisants et parvenus d'hier à l'aisance ont bien pu accepter ces horreurs, mais ils n'auront pas le pouvoir de me les faire admirer. Le papier à vingt sous le rouleau qui enguirlande, en tirant l'œil, les murs de nos demeures, me fait regretter ces tapisseries du bon vieux temps, avec leurs beaux dessins, qu'on prenait pour des peintures à fresque sur des murailles de laine.

J'ai eu le soin de tenir compte de la démocratisation du bien-être, qui constitue un progrès réel. Par malheur, ce progrès n'a pu être conquis qu'aux dépens du soin et du goût dans la confection des produits fabriqués. Cette décadence qui me frappe partout les yeux, je la retrouve surtout dans la qualités des étoffes. Certes, la découverte des métiers filant et tissant la laine et la soie est une conquête. Je le veux bien; mais comparez les étoffes des rideaux de Versailles, ainsi que les robes à falbalas de nos grand'mères, travaillés par des ouvriers que Jacquard n'avait point formés, avec les mêmes étoffes préparées à Lyon ; il existe entre elles la même différence qu'entre le papier des Elzévirs et celui des volumes à dix sous.

Mon intention n'est pas de rêver l'impossible. Je sais bien qu'une société n'est pas composée que d'artistes et de millionnaires. Je n'ignore pas davantage que pour la plus grande majorité un mobilier est une nécessité et non un luxe, que cette majorité garnit ses fenêtres de rideaux pour obéir aux prescriptions de la pudeur et de la police, et non pour étaler des tissus magnifiques. Je ne perds de vue aucune de ces considérations. Je tiens seulement à constater que les personnes riches, qui peuvent et qui doivent atteindre un certain luxe, sont très-embarrassées pour trouver au milieu de ce clinquant universel, les quelques raretés qu'elles désirent. Notre époque, considérée à ce point de vue, est bien réellement inférieure à toutes celles qui l'ont précédée.

Dans un des chapitres de ce livre j'ai rendu hommage aux embellissements réalisés dans la ville de Paris. Ce magnifique travail a été accompli par des ingénieurs. Hélas ! le siècle est aux mathématiques. L'École Polytechnique résume la situation. Elle a peuplé la France et l'Europe d'ingénieurs de génie. Par malheur, elle ne produit point d'architectes. On dit qu'en vertu d'une loi mystérieuse de la Providence, chaque époque est dotée des supériorités qu'elle réclame. C'est peut-être parce que notre mission devait consister à créer les chemins de fer que nous n'avons pas d'artistes.

A Paris, comme partout ailleurs, les ingénieurs chargés du soin d'embellir la ville n'ont su faire que la rue de Rivoli. Lyon a la sienne ; Rouen, Marseille et Bordeaux préparent la leur.

Le gouvernement de l'Empereur, qui protége les arts avec tant de sollicitude et de générosité, n'a pu encore produire un architecte de mérite. Ce ne sont cependant ni les écoles, ni les concours, ni les conseils, ni les récompenses, ni les commandes qui leur font défaut. Malgré tout cet ensemble de profits et d'encouragements, nous en sommes encore à attendre le plus simple spécimen de l'architecture de cette grande époque qui s'appellera dans l'histoire l'époque de Napoléon III.

Chaque règne en France a laissé les traces de son passage. Philippe-Auguste a vu s'élever Notre-Dame ;

Saint-Louis a construit la Sainte-Chapelle ; la Renaissance s'est affirmée sous François Ier ; Louis XIV a construit Versailles et les Invalides ; sous Louis XV nous avons vu surgir un art nouveau. Sous Louis XVI on a construit les palais de la place de la Concorde et un nombre infini d'hôtels élégants.

De nos jours qu'a-t-on fait ? On a achevé le Louvre, je le sais ; mais si j'examine en détail, je constate que cet achèvement n'est en réalité qu'une imitation confuse, vacillante et sans parti pris, de ce qui avait été fait sous le premier Empire. Ces trophées, ces lourdes panoplies, qui recouvrent et surchargent le nouveau Louvre, sont presque partout la copie des bas-reliefs du piédestal de la colonne Vendôme.

Je manquerais de justice et de tact, si je ne proclamais pas bien haut le mérite et la science de M. Violet-Leduc. Impossible de rêver un esprit plus complet, plus savant et plus érudit. Son *Dictionnaire raisonné du mobilier français*, est une œuvre remarquable, qui révèle une étude consciencieuse et profonde de toutes les civilisations. Non-seulement il a visité les monuments dans leurs plus petits détails, mais encore il s'est enfermé dans les musées pour analyser et décrire la forme que le temps avait successivement donnée à tous les objets dont les hommes ont fait usage.

Nos architectes vont en Grèce, en Italie, en Espagne, en Angleterre, partout enfin où l'architecture a laissé les traces de sa perfection et de sa splendeur. Ils étudient les monuments, et se rendent compte de l'idée que chaque peuple a confiée à la pierre. Ils ont pu comparer la pureté et la sérénité harmonieuse des Grecs avec la puissance fougueuse et le mysticisme capricieux et compliqué de la période gothique. Ce ne sont donc pas les lumières qui leur manquent. A quelle cause alors tient leur apparente stérilité?

Elle tient, cela peut paraître étrange, à leur surcroît d'érudition. A force de confronter les merveilles d'Athènes et de Rome avec celles de Grenade, de Cordoue, de Venise, puis avec celles de Paris, de Rouen et de Strasbourg, il s'est opéré à leur insu une sorte de confusion et de lutte dans leur cerveau, qui a supprimé en eux tout élan, tout don d'initiative. Les demi-dieux qui bâtirent le Parthénon se soucièrent fort peu des monuments de la vieille Égypte.

Michel-Ange à Rome, les Maures à Grenade, les Français à Strasbourg, à Paris et à Rouen, n'avaient point cherché leurs idées dans les livres. Ils furent tous de l'école de l'enthousiasme.

Oui, l'érudition sèche l'esprit. Cette vertu de second ordre appelle la décadence et fait perdre l'originalité, cette vraie vertu des peuples qui grandissent. Voltaire, tout érudit qu'il était, le savait bien, lui qui disait que pour écrire un bon livre, il faudrait n'en avoir lu aucun.

Nos architectes, soumis à la fascination du plein cintre et de l'ogive, hésitant entre Notre-Dame et le Parthénon, entre l'Alhambra et Heidelberg, ne savent plus lire couramment; tous épèlent et rêvent vaguement un genre qu'on serait tenté d'appeler le *néo-grec-gothico-pompadour-pompeïen.*

L'art de l'architecture n'est point perdu. Il attend pour reparaître l'achèvement du dernier tronçon de chemin de fer. Alors les ingénieurs qui n'auront plus de lignes ferrées à construire, de montagnes à percer, de fleuves à franchir, de vallées à combler et de villes à redresser, uniront leurs efforts à ceux des architectes, et de leur union sortira le style architectural du dix-neuvième siècle que nous attendons encore.

En tenant pour vrai ce que je viens de dire à propos du luxe et de l'art, on peut résumer ainsi la situation présente. Nous n'avons pas d'architecture. Nous savons réparer intelligemment les merveilles du passé, mais nous ne créons rien de nouveau, rien d'original. Nos objets de luxe sont les imitations serviles des modèles des siècles précédents. Les pendules, les bronzes, les tables, les meubles de prix, les armoires, les bahuts, les coffres, sont exactement calqués sur ceux des règnes de Louis XIII, Louis XIV, Louis XV et Louis XVI. Allez visiter les magasins ou plutôt le musée de M. Monbro, rue du Helder, vous verrez des échantillons authentiques de ces diverses périodes, des meubles de Boule, des coffres en bois de rose, des tables en marqueterie, des pendules à feuilles d'acanthe, des pendules rocaille, des colifichets du genre Pompadour et Rococo. M. Monbro vous dira que nos artistes les plus habiles ont renoncé à chercher une ornementation nouvelle. Ils préfèrent imiter ces futilités élégantes, et n'ont d'autre ambition que celle de les copier fidèlement.

Pourquoi, je le répète encore, en est-il ainsi ? Est-ce que les artistes de ces temps-là ont tari la source de l'invention et arraché leur dernier mot à la grâce et à la fantaisie ? Je ne le pense pas. Je crois plutôt que nous manquons d'imagination et de patience, et je persiste à soutenir que, quand cette époque sera sortie de la fièvre de la spéculation, quand elle aura organisé la dernière société par actions, quand elle aura surtout arrêté dans ses empiétements l'invasion de *l'américanisme,* ce souffle qui nous a faits ce que nous sommes agitera de nouveau les esprits et les forcera d'accoucher.

Depuis quelques années, le goût de l'art semble s'être réveillé. A l'hôtel des ventes, on se dispute à prix d'or tous les objets de valeur. Sa Gracieuse Majesté l'Impératrice Eugénie a donné l'exemple. Elle possède dans ses appartements particuliers, au palais des Tuileries, de véritables merveilles que, par ses ordres, des connaisseurs sont allés chercher jusque dans les réduits où elles étaient enfouies sous un double manteau de poussière et d'oubli. Cette prédilection de l'Impératrice pour les belles choses a exercé une puissante influence Des ouvriers, encouragés par ce haut patronnage, se sont formés, et il en est parmi eux qui ont pu retrouver les secrets de certains travaux artistiques qu'on croyait à jamais perdus.

Quant au luxe de la cour, il est tout à la fois digne de la France comme première puissance du monde et comme pays de l'élégance [1]. Sa Majesté l'Empe-

[1] Ayant l'honneur d'être Français, je ne puis me dispenser d'appuyer par un témoignage désintéressé la supériorité que j'accorde à la France. C'est à l'incomparable esprit de Henri Heine que je demanderai ce témoignage. Voici ce qu'il écrivait, en 1841, dans son charmant livre de *Lutèce* :

« Les autres peuples ne forment que l'honorable public qui
» assiste en spectateur à la comédie d'État jouée par le peuple
» français. Parfois, il est vrai, ce public éprouve la tentation
» de manifester un peu haut son approbation ou son blâme, ou
» bien même de monter sur la scène et de jouer un rôle dans
» la pièce ; mais les Français, *les comédiens ordinaires du
» bon Dieu*, restent toujours les acteurs principaux du grand
» drame universel, qu'on leur lance à la tête des couronnes de
» laurier, ou des pommes cuites. »

Plus loin, en faisant allusion à l'ombrage que la France inspire aux journalistes allemands, Henri Heine ajoute :

« Les rédacteurs de journaux allemands ne pourraient rem-
» plir leurs colonnes pendant trois semaines sans correspon-
» dances de Paris. »

On ne récusera pas ce témoignage d'un penseur allemand. Il constate impartialement que la France et Paris en particulier sont l'âme et la tête du monde. C'est de Paris que viennent la lumière, les idées, l'esprit, la mode, et tout ce qui constitue la civilisation. Par modestie nationale, j'ai relégué ces réflexions dans les notes de mon livre.

reur Napoléon III possède les plus beaux équipages. Tout autre cortége pâlirait à côté du sien. L'empereur de Russie et l'empereur d'Autriche ont eux-mêmes reconnu cette supériorité, l'un à l'entrevue de Stuttgard, l'autre à celle de Villafranca [1].

Si j'analyse un peu sévèrement le luxe déployé dans nos fêtes publiques, mon enthousiasme sur ce point doit encore se calmer. Si l'on en excepte les feux d'artifices et les effets de la pyrotechnie, le reste rentre tout à fait dans le clinquant de l'époque. Ces décorations de carton qu'on voit reparaître à tout propos, ces oripeaux criards et tapageurs rappellent par trop la foire Saint-Laurent. Ces portiques, ces guirlandes, ces festons et ces astragales provoquent le rire, bien plus que l'admiration. Il se peut que de telles magni-

[1] Lors de l'entrevue de Stuttgard, on put observer, dans cette ville allemande, ce détail très-significatif. Un dimanche, au matin, les équipages de l'empereur Napoléon III et de l'empereur Alexandre II attendaient ces deux souverains dans la cour d'honneur pour conduire l'un à l'église catholique, l'autre au temple grec. Une foule compacte stationnait sur la place pour jouir de ce spectacle. Lorsque les deux souverains partirent dans des directions différentes, la foule se porta autour du carrosse de Napoléon III. Alexandre II resta seul avec son escorte. Marie Lecziuska avait raison. La France est le plus beau royaume, après le royaume des cieux.

ficences fassent la splendeur des comices agricoles et en imposent aux timides bergères et aux incultes travailleurs conviés à ces cérémonies. A Paris, elles sont indignes de la ville, et bonnes tout au plus pour des saltimbanques. Comme nous les connaissons toutes, cela me dispense d'en parler plus longuement. Je préfère comparer nos réjouissances publiques d'à présent avec celles du passé, alors que le luxe, dans tout ce qu'il avait de réel, de sincère, d'absolu, se déployait dans les cérémonies.

On trouve, dans un livre publié en 1550 et intitulé : *Les antiquitez, histoires et singularitez de Paris, ville capitalle du roiaume de France*, la description de certaines entrées de rois et reines à Paris. Il faut citer celle de la reine Isabeau de Bavière. « En pas-
» sant sur le Pont-au-Change, tendu de taffetas
» bleu, un homme, en forme d'ange volant, vint des
» tours Notre-Dame à l'endroit dudit pont, et, comme
» la reine passait, lui mit une couronne d'or sur la
» tête; puis, par mesme subtilité, retourna, comme
» s'il eût volé, au lieu d'où il était parti. »

Cette description, que j'abrége, ajoute qu'à la suite de la reine Isabeau marchaient des chevaliers couverts d'or et de bijoux et montés sur des chevaux portant des fers en or et en argent massif. Toutes les rues étaient tendues de tapisseries.

Il faut également citer l'entrée du roi Charles VII. Il marchait précédé de héraults portant sa couronne d'or, sa cotte d'armes de velours azuré à trois fleurs de lis d'or, son épée en écharpe semée de fleurs de lis, le tout relevé de broderies. Quatorze personnages, représentant les sept vertus et les sept péchés capitaux, chevauchaient à ses côtés. Les ponts et les rues étaient tendus de tapisseries et de velours parsemés de fleurs de lis d'or. Puis venaient des seigneurs à cheval, leurs montures ferrées en or massif. A l'entrée de la porte Saint-Denis, un jouvenceau, en guise d'ange, volant en l'air par artifice, vint lui faire présent des clefs de la ville.

Mais, dira-t-on, ces cérémonies n'avaient lieu qu'à Paris et pour la rentrée des rois, c'est-à-dire dans les circonstances les plus solennelles. On serait dans l'erreur en raisonnant ainsi. Ce vrai luxe était déployé à toute occasion, en province autant qu'à Paris, et par de simples seigneurs. A mesure que la lumière se fait sur les périodes de la féodalité et du moyen âge, on découvre que ces prétendus barbares étaient fort civilisés, et que s'ils laissaient la plèbe dans la misère, ils étaient, eux, fort sybarites et fort raffinés.

On doit à M. Mary Lafon des détails précis sur ce point. Je les trouve dans *la Dame de Bourbon,* traduction presque textuelle d'un roman du treizième siècle attribué au troubadour Marcabrus. M. Mary Lafon, en se fondant sur des témoignages dignes de foi, prouve que les récits de la littérature du moyen âge ne sortent jamais du cercle de la vie réelle, et que ce roman de *la Dame de Bourbon* est en réalité un tableau de la vie intime des grands barons, vue par une meurtrière de leurs donjons.

Ce roman raconte le mariage du seigneur Archambaud de Bourbon avec la belle Flamenca, fille d'un comte de Nemours. Le roi de France, la reine et la cour, conviés à la noce par Archambaud, arrivent au manoir de Bourbon, près Moulins, où se tient cette véritable fête, tombée en désuétude depuis longtemps, et qu'au moyen âge on appelait une *cour plénière*. Je cite ce passage, sur lequel j'appelle l'attention :

« Après ce congé, Archambaud revint à Bourbon ; en chemin il n'avait songé qu'aux soins de la cour, qu'il voulait tenir avec tant de magnificence qu'elle effaçât celle de son beau-père. Il envoie un messager au roi de France pour le prier de lui faire l'honneur de venir à sa cour et d'y amener la reine, en ajoutant qu'il serait son homme à toujours, et lui saurait bien bon gré s'il lui plaisait de passer par Nemours, pour prendre Flamenca. Dans tout le Poitou et tout le Berry, il n'y a barons à qui il n'envoie messagers, lettres et sceaux ; il n'y eut prud'homme de la Marche, même de Bordeaux, de Bayonne et de Blaye, qui ne reçût sa lettre. Tous sont mandés, tous y viendront, car ils ne resteraient chez eux pour rien au monde.

» En attendant, il fait bien orner et tendre la ville de draps blancs et de beaux tapis, de beaux palis et de beaux samitz. Or et argent, deniers et draps, coupes et cuillers, et hanaps, Archambaud veut qu'on les donne sans demande à ceux qui daigneront les prendre. Les bourgeois nettoient et encourtinent les rues, et les vassaux apportent de tous côtés outardes, cygnes, grues, perdreaux, canards, chapons, oies, gélines, paons, lapins, lièvres, chevreuils, cerfs, sangliers et ours monstrueux et féroces. Les viandes, certes, ne manqueront pas aux convives.

» Don Archambaud ordonne de bien garnir les maisons, afin que rien ne fasse défaut, et que légumes, avoine et cire, lavande, encens, cannelle et poivre y soient donnés en abondance à tous venants ; il fit en outre apporter des monceaux de girofle pour qu'on en brûlât un chaudron dans chaque courtine du bourg, et qu'on fût embaumé en passant comme lorsqu'on traverse à Montpellier le quartier des épices.

» Cinq cents paires de vêtements, tous de pourpre et d'or battu, mille lances et mille écus, mille épées, mille hauberts et mille destriers bien reposés sont tout prêts dans une hôtellerie. Le seigneur Archambaud veut qu'on les donne à ceux qui prendront ses armes quand ils viendront.

» Lorsque tout fut prêt, le roi de France arriva suivi de sa noblesse, et amenant Flamenca. Son escorte était si nombreuse, qu'elle se déroulait à six ou sept lieues de distance. Le fils du comte de Nemours avait pris les devants et accourait à toute bride pour prévenir Archambaud. Il le rencontra hors des murs, armé de pied en cap et chevauchant à la tête de mille braves chevaliers, de mille bourgeois et de mille servants.

» Le seigneur de Bourbon lui fait courtois accueil, et s'arrêtant devant le roi :

» — Sire, dit-il, j'ai bon logis, riche verger, épais ombrages, et je vous requiers un don, s'il vous plaît, c'est que ma maison soit votre hôtellerie.

» — Vous me conviez en vain, reprit le roi ; car je ne peux quitter ni Flamenca ni ces barons.

» — Sire, ces barons seront hébergés avec vous, et rien ne leur manquera, je l'espère.

» Chacun se loge aussitôt sans bruit et sans noise, car toutes les portes sont ouvertes. La reine eut les plus belles chambres auprès de celles de Flamenca. J'en sais qui furent mécontents, car les dames ne voulurent pas qu'on vînt les courtiser. Lasses d'avoir trop chevauché, et accablées par la chaleur du jour, elles songèrent d'abord à se reposer et ne se levèrent qu'à l'heure de none. Tout le monde alors se mit à table, et l'on mangea le poisson de mer et de rivière, les fruits, les poires, les nèfles et les cerises. Le roi servit lui-même Flamenca, qui sut bien lui en rendre grâce ; puis chacun se leva content, car rien n'avait manqué à la cour, excepté les pauvres, à qui on put donner les restes, afin que rien ne se perdît.

» Le lendemain était la Saint-Jean, une grande et noble et sainte fête, qui fut dignement célébrée. Ce jour-là, l'évêque de Clermont chanta la grand'messe ; il prêcha sur Notre-Seigneur, et dit l'amour qu'il portait à don saint Jean, et comment il l'appela plus que prophète. Ensuite il défendit, au nom du roi, à tous les barons de France de quitter la cour avant deux semaines, car il voulait qu'elle durât quinze jours. Et la défense était fort inutile, nul ne pensait au départ, et pour peu qu'il l'eût désiré, on aurait attendu la neige.

» La messe ouïe, le roi donna la main à Flamenca et sortit avec elle de l'église. Trois mille chevaliers le suivaient, menant chacun sa dame. Ils montèrent tous au palais, où le manger fut apprêté. Ce palais était grand et vaste : dix mille chevaliers auraient pu s'y placer à l'aise, avec les dames, les donzelles et leurs filles, les donzels et les serviteurs des barons, et même les jongleurs, qui étaient plus de quinze cents.

» Quand ils eurent lavé, ils s'assirent, non sur des

bancs, mais sur des coussins moelleux, et on leur donna de blancs essuie-mains. Ensuite les dames prirent place et eurent à souhait, en viande, en fruits et en poissons, tout ce qui se trouve sur la terre, dans l'air et sous les vagues.

» On les servit splendidement; mais il y eut plus de cinq cents barons qui regardaient et admiraient Flamenca, et plus chacun d'eux considère son air, ses manières et sa beauté, plus il repaît ses yeux en la regardant, et fait jeûner la bouche, tout en demandant tout bas au Seigneur la grâce de dire à cette belle un mot qu'il préférerait aux meilleurs festins.

. . . .
. . . .

» Après le festin, les convives lavent une seconde fois, mais tous restent à leur place et ils prennent le vin selon la coutume. Puis on ôta les nappes. On mit un grand éventail devant chacun, et les jongleurs se levèrent. Ils voulaient tous se faire entendre. Alors vous auriez ouï les sons de mainte mélodie. Qui sait nouvel air de viole, lai descort ou chansons, se pousse le plus qu'il peut au premier rang. L'un vielle le lai du chèvrefeuille, l'autre celui de Tintageuil ; l'un chante celui des amants fidèles, l'autre celui que fit Ivan ; l'un touche la harpe, l'autre tourne la viole ; l'un flûte, l'autre siffle ; l'un mène la gigue, l'autre la rote ; l'un dit l'air, l'autre les paroles ; l'un joue de l'estive, l'autre du frestel ; l'un de la cornemuse, l'autre du chalumeau ; l'un tourne la mandore et l'autre accorde le psalterion avec le monocorde ; l'un fait le jeu des paniers, l'autre celui des couteaux ; l'un glisse, l'autre tombe ; l'un danse en cabriolant, celui-ci passe dans les cerceaux, celui-là saute, et nul ne manque à son métier.

» Quant à ceux qui aiment les récits des rois, des marquis et des comtes, ils en auront l'oreille pleine ; car l'un conte de Priam et l'autre de Pirame ; l'un dit l'histoire de la belle Hélène, comment Pâris eut son amour et l'enleva ; d'autres récitèrent les histoires d'Ulysse, d'Hector et de Didon qui fut, par la fuite d'Énée, si malheureuse et si dolente. D'autres contèrent de Lavinie, d'Apollonice, d'Étéocle et de Tidée, d'Apollonius, d'Alexandre, de Héro et de Léandre, de Cadmus, fondateur de Thèbes, de la force du grand Alcide, de l'amour de Démophon et de Philis, du beau Narcisse, qui se noya en se mirant dans la fontaine, et d'Orphée, quand il sut ravir sa dame si belle à Pluton.

» Puis ce fut le combat de David et du Philistin ; un autre raconta l'histoire de Samson et de Dalila; un autre les exploits du Machabée, qui pour Dieu combattit, et ceux de César, qui passa la mer seul sans crainte et sans invoquer Notre-Seigneur. L'un dit après de la Table Ronde, où il n'arrivait pas un chevalier que le roi ne lui répondît selon sa connaissance, car jamais la valeur n'y faillit ; d'autres contaient les aventures de Gauvain et du chevalier au lion qui délivra Lunetta ; celles de la demoiselle Bretonne, dont Lancelot fut prisonnier pour avoir refusé son amour ; de Perseval, d'Éric et d'Énide, de Péride et d'Ugonet. Ceux-ci contaient de Gouvernail, qui eut si rude peine pour Tristan ; de Phénice, que sa nourrice fit transir ; du bel inconnu ; de l'écu vermeil, que Lyras trouva au petit bois ; de Guifflet et de Calogranant, qui retint un an dans sa prison Quex le sénéchal pour ses propos méchants.

» Ceux-là contaient de Mordret ; du comte Duret, qui fut banni par les Vandales et recueilli par le roi pêcheur ; du bonheur d'Ermelius ; des assassins du vieux de la Montagne, de Charlemagne, conquérant de la Germanie, de Clovis, de Pépin et de Lucifer, que son orgueil précipita du haut de sa gloire. Les derniers enfin récitèrent les vers de Marcabrus, le lai du varlet de Nanteuil et celui d'Olivier de Verdun, et dirent la chute d'Icare.

» Chacun dit du mieux qu'il savait. La rumeur des joueurs de viole et le murmure des voix des conteurs remplissaient les salles. Lorsqu'ils eurent assez viellé et conté, le roi de France dit aux chevaliers :

« — A quoi pensais-je, hélas ! quand je pris femme ! Dieu ! quelle extravagance ! N'étais-je pas bien et agréablement ?... Malheur sur mes parents.

» Seigneurs, après le dîner des écuyers, faites seller vos chevaux, car nous irons tous jouter dans la plaine. Mais je veux, en attendant, que nous ayons bal et ouvrir moi-même la danse devant vous et la reine avec Flamenca, ma douce amie.

» Jamais on ne vit plus belle danse ni en France ni en Bretagne. Deux cents bons joueurs de viole vont s'asseoir aussitôt sur des bancs, au fond de la salle. Ils s'accordent et jouent deux à deux de beaux airs de danse : alors, dames, chevaliers et donzelles se prennent par la main et partent à la fois. Les dames tournaient souvent, faisaient leurs feintes amoureuses et lançaient de si doux regards, qu'il semblait à chacun qu'il fût tout vif en paradis ; et je vous jure bien, sans mentir, que depuis qu'on aime dans ce monde on n'a point vu plus belle réunion. Le roi aurait perdu Paris ou Reims, et l'on viendrait le lui apprendre, que je suis persuadé qu'il ne quitterait point la danse et ne paraîtrait pas ému.

. . . .
. . . .

» La cour dura dix-sept jours et plus, et personne ne put dire quel était le jour où il avait été le mieux traité, car à chaque festin meilleure fut la chère et plus grande la dépense. Tous les marquis et les barons s'émerveillaient et se demandaient où le seigneur Archambaud avait pu prendre tout ce qu'il venait de dépenser.

» Le roi partit le vingtième jour, et ceux qui restaient encore le suivirent. La reine n'aurait pas voulu que la cour durât deux mois. Il est vrai que Charles ne quittait pas Flamenca, mais c'était plus par amitié que par amour, et il croyait donner au seigneur Archambaud une grande preuve d'attachement lorsqu'il l'embrassait à ses yeux et lui faisait d'innocentes caresses. »

Telle était la vie au moyen âge. Ces prodigalités constituaient le vrai luxe, et ne ressemblaient pas, il faut en convenir, à ces mesquineries auxquelles aujourd hui nous osons donner ce nom. Par malheur, ces festins, ces joyeusetés étaient payés par la dîme, que les malheureux paysans d'alentour fournissaient à ce magnifique seigneur. Le soir, on les voyait, couverts de haillons, rôder autour du château, et regarder d'un œil d'envie ce paradis dont ils se savaient repoussés. Les mieux partagés parmi ces pauvres curieux attrapaient quelque desserte de la table, qu'ils dévoraient dans un coin, en bénissant le roi qui, par sa présence, avait décidé le baron à mettre les petits plats dans les grands.

Éclairés par la raison, et surtout par l'Évangile, nous avons réformé tous ces abus, et substitué la démocratisation du bien-être à cette offensante et scandaleuse inégalité. Le progrès est incontestable et réel; et comme chrétien je le bénis sincèrement, malgré le charme avec lequel je ne puis m'empêcher de sourire à ces naïves coutumes d'un temps qui se croyant juste, en n'étant qu'inique, transformait la vie en une fête élégante où la belle dame et le vaillant chevalier, à la poursuite d'un amour théâtral, paradaient sans cesse dans l'azur pour devenir les héros d'une ballade.

CHAPITRE XIII

LE PLAISIR

Paris est avant tout la capitale du plaisir, parce que dans aucune autre ville du monde on n'est aussi libre que dans celle-là. Tout ce qui est jeune, gai, ardent, spirituel et passionné vient s'y amuser. A côté de cette masse de travailleurs qui amincit le fer, coud les habits et les robes, tourne et dore les porcelaines, tisse le chanvre et le fil, forge l'acier, satine les bronzes, festonne le cristal, imite les fleurs, brode la laine, dresse les chevaux, tresse les galons, découpe le cuivre, peint les voitures, arrondit le bois, souffle le verre, corrode le diamant, polit les métaux, colore, blanchit et noircit tout, et accomplit une foule d'autres travaux que Balzac a omis de mentionner dans ce tableau de Paris par lequel il commence l'histoire de sa *Fille aux yeux d'or,* vivent d'exquis fainéants que les utilitaires prennent en pitié, et auxquels cependant cette grande ville doit tout son prestige. De prétendus sages nieront peut-être cette vérité. Je ne les réfuterai pas.

De tout temps, Paris a eu ses contempteurs. Il y a deux cents ans, Boileau écrivait sa satire : *les Embarras de Paris,* imitant ainsi Juvénal, qui avait crié contre *les Embarras de Rome.* Boileau fut à ce propos sévèrement critiqué par Marmontel, qui composa un sermon pour prouver qu'il avait eu tort de ne parler que des rues, et de ne s'être pas attaqué aux turpitudes morales de cette grande ville.

La satire de Boileau est d'ailleurs fort innocente, ainsi qu'on en pourra juger par ces vers :

> Je fais pour reposer un effort inutile :
> Ce n'est qu'à prix d'argent qu'on dort en cette ville.
> Il faudrait dans l'enclos d'un vaste logement,
> Avoir loin de la rue un autre appartement.

> Paris est pour un riche le pays de Cocagne :
> Sans sortir de la ville, il trouve la campagne ;
> Il peut dans son jardin, tout peuplé d'arbres verts,
> Recéler le printemps au milieu des hivers ;
> Et foulant le parfum de ses plantes fleuries,
> Allez entretenir ses douces rêveries.

Boileau, fidèle à une tradition qui s'est perpétuée jusqu'à nous, a reproché à Paris de n'être pas la campagne. Le moment est favorable, alors que je vais insister sur le charme incomparable offert par le séjour de Paris, pour entreprendre une rapide croisade contre les poëtes qui l'ont toujours invoquée pour faire le procès des grandes villes. J'aime Paris surtout parce qu'on n'y voit pas la campagne, et ensuite parce qu'on y a mis la nature à la raison. Entendons-nous tout d'abord sur le sens précis de ma querelle.

Ce qu'on entend par la nature existe partout sur le globe. Les hommes ne l'effacent que là où ils se groupent pour fonder une ville. Partout ailleurs, c'est la campagne, fertile dans la Beauce, horrible en Suisse, maudite au pôle, torride à l'équateur. Les poëtes de toutes les littératures se sont crus obligés d'imaginer les plus riantes et les plus sombres images pour décrire les aspects et les horizons infinis et divers qu'elle a su donner à l'espace.

Le genre descriptif, qui tient tant de place dans la prose et dans les vers, se compose des fugues, des digressions et des tirades auxquelles on a eu recours pour charmer et ravir l'esprit avec une peinture aussi exacte que possible des efforts tentés par cette nature pour trouver des sites pittoresques. C'est ce genre descriptif qui a inventé la vallée traversée par un ruisseau serpentant sur un tapis de mousse, la colline à demi voilée par des arbres se mirant dans le cristal de l'onde, les prairies émaillées de fleurs, les rideaux d'arbres frémissant sous les baisers de la brise, puis encore les montagnes majestueuses dont le sommet, touchant aux nuages, sert d'asile aux aigles et de point de mire à la foudre. Et le bocage mystérieux que j'oubliais, plongé dans le silence que viennent seuls troubler le chant des rossignols et le pas des amoureux se promenant deux à deux. Daphnis et Chloé, Corydon et Amaryllis, Estelle et Némorin, Annette et Lubin, vous êtes les demi-dieux et les nymphes avec lesquels les poëtes ont peuplé ces bocages que j'ai souvent traversés dans les livres, mais que je n'ai jamais rencontrés dans mes voyages. On vous fait vivre dans un printemps perpétuel qui s'épanouit sous un ciel tout rayonnant d'azur et de clémence. Vous marchez au milieu des roses, et si parfois un léger nuage vient à surgir sur vos têtes, c'est pour tempérer les ardeurs d'un soleil trop passionné. Cette ondée bienfaisante, suivie de l'arc-en-ciel, ranime la fleur penchée sur sa tige, en même temps qu'elle a pitié de la bergère imprudente qui livrait sans réserve au dieu du jour les lis de ses épaules et les pudiques blancheurs de son cou.

Telle est à peu près la nature que les âmes pastorales, confites dans une mansuétude aveugle, nous ont montrée sans cesse, depuis Théocrite jusqu'à M. de Florian. Ce dernier, surtout, égaré dans le pays du Tendre, ébloui par les naïfs mensonges de l'*Astrée*, a surenchéri sur tous les autres, en la peuplant de bergères pimpantes et parfumées, chaussées de bas de soie à coin d'or, enrubanées des pieds à la tête, et roucoulant avec des chérubins frisés, musqués et tirés à quatre épingles, tout près de brebis plus blanches que la neige, nées toutes, non dans une bergerie, mais dans les insupportables poésies de la soporifique Mme Deshoulières.

Dieu me garde de blasphémer contre la nature qui peut me réclamer comme un de ses atomes ; cependant, est-ce que le moment ne serait pas venu de la regarder un peu en face et de la voir telle qu'elle est ?

Depuis six mille ans elle fait à la pauvre humanité une guerre d'extermination. Laissons un peu de côté ses vallons et ses collines, et examinons-la sous un autre aspect.

Aux deux pôles, elle a amoncelé des glaces qui paralysent de froid les mortels engourdis qu'elle a fait naître sous ces affreux climats. Sous l'équateur, elle brûle les malheureux qui osent braver les rayons directs du soleil. Partout elle sème la grêle, la foudre, les inondations et les disettes. Sans pitié pour les travaux de l'homme, qui lui prodigue les sueurs de son corps, elle semble prendre plaisir à anéantir en une seconde les efforts de toute une année. Ici ce sont des roses, là des plaines de blé, plus loin des arbres chargés de fruits. Survient un gros nuage, il crève en grêle, en pluie et en tonnerre. Adieu paniers, vendanges sont faites! Les roses, le blé, les fruits, hachés, saccagés sans profit pour personne, jonchent le sol de leurs débris.

D'inoffensifs humains sont nés dans une île. Il leur faut, pour vivre, s'aventurer sur la mer, et s'en aller chercher sur le continent des objets de première nécessité. Ils construisent un navire et partent. La nature, qui les aperçoit, soulève une tempête, emporte le radeau, et va le briser contre un écueil.

Une ville est fort tranquille. Les laborieux travaillent, les farceurs s'amusent. Nul ne fait de mal à personne. La nature, que cette félicité offusque, décoche à cette ville une épidémie. Elle répand du poison dans l'air, les hommes meurent comme des mouches; ils cherchent un contre-poison. Elle pourrait le leur indiquer; elle s'en gardera bien.

Les pauvres humains organisent une fête. Ils choisissent la canicule, c'est-à-dire l'époque de l'année qu'elle a fixée pour suspendre la pluie et faire briller le soleil. Au jour marqué pour cette fête, survient un orage qui éteint les lanternes, arrache les tentes, disperse les spectateurs.

Je sais parfaitement que la nature ne pouvait pas

garantir aux hommes la réussite de leurs projets, ni les vouer à un succès perpétuel, parce qu'elle eût alors créé des dieux bien plus que des hommes ; mais je suis de cet avis que les poëtes se sont montrés trop cléments envers elle, et que, tout compte fait, elle nous gêne, nous nuit et nous vexe aussi souvent qu'elle nous seconde, nous protége et nous contente.

J'ai dit qu'à Paris on l'avait mise à la raison, en ce qu'on ne la voit point. Nos palais, nos édifices et nos maisons sont des refuges qui nous permettent de résister à la grêle, au froid de l'hiver, à la chaleur de l'été, ces petits despotes qui taquinent partout et toujours les téméraires égarés au milieu des champs, des prairies, des forêts, des montagnes et des océans, tous endroits où cette inclémente puissance, abandonnée à ses excès, peut, tout à son aise, persécuter ses victimes et leur faire payer si cher la vue d'un rameau en fleur, d'un coteau doré, d'une aurore aux doigts de roses, d'un coucher rêveur et autres magnificences qu'on imite à présent si bien à l'Opéra.

Hélas ! j'ai traversé des sites fort pittoresques, et mes yeux ont plongé dans ce que les lyriques appellent les sublimes horreurs de la nature: Je tenais à la main les œuvres de Rousseau, de Bernardin de Saint-Pierre, de Chateaubriand, de Théophile Gautier, les grands maîtres de la description. Je déclare, en toute sincérité, que partout j'ai trouvé la nature au-dessous de la poésie. J'en ai conclu qu'on l'avait chantée, non parce qu'elle était belle, mais qu'elle n'était belle que parce qu'on l'avait chantée dès les premiers âges du monde.

Je demande humblement pardon à ceux que je ne convaincrai pas de mes idées particulières sur ce sujet. Avant tout, je tiens à rappeler que je ne suis point un barbare. J'ai lu avec un grand plaisir les descriptions des maîtres. J'ai été particulièrement frappé de la description de Rome par Chateaubriand, de celle du Parthénon par M. Théophile Gautier, et de celle de Venise par M. Paul de Saint-Victor. Ces trois écrivains m'ont affermi dans mon opinion. Qu'ont-ils décrit? Les œuvres des hommes, c'est-à-dire la nature effacée et contrainte de céder la place aux sublimités, aux caprices, aux grandeurs de ses enfants. Supprimez le Parthénon, Rome et Venise, croyez-vous que ces collines de la Grèce et du Pays latin et le rivage de la mer Adriatique, dépouillés de ces monuments, resteraient dignes du ricochet d'éloges qui a rejailli jusqu'à eux ? Pas le moins du monde. La mer Adriatique, comme la campagne de Rome, comme l'Attique, séparées des monuments et ramenées à leur état primitif, ne seraient plus alors que des banalités monotones, qu'un voyageur pourra retrouver sous toutes les latitudes.

Restent les sites sauvages ou agrestes sur lesquels il n'a point pris fantaisie à l'homme d'aller imprimer la trace de son passage. Le site agreste nous ramène au bocage dont j'ai déjà parlé, à l'idylle à l'élégie, et à Racan, ce chantre de Philis, des bergers et des bois. Le site sauvage nous expose aux montagnes, aux précipices, aux rochers, aux mers de glace, aux éruptions de volcans, aux déserts, aux forêts vierges, etc., etc... Je n'hésite pas à dire que je préfère la rue Vivienne, les Champs-Élysées avec un soleil couchant sur Meudon, à tous ces restes du chaos, qui m'ont toujours porté à croire, lorsque je les ai vus, que le bon Dieu, pris d'un moment de lassitude, n'avait pas achevé l'œuvre de la création.

Quant à ma prédilection pour les ouvrages des hommes, je considère comme un soin superflu de la justifier. L'humanité a réalisé bien souvent un effort suprême. Les pyramides, la flèche de Strasbourg, sont deux œuvres étonnantes. Les forces humaines ont fait, en les élevant, acte d'une grande volonté. La nature omnipotente, au contraire, s'est ménagée souvent. Si on la glorifie parce qu'elle a creusé les gouffres profonds de l'Océan et soulevé le pic formidable de l'Himalaya, par contre, on a le droit de la prendre en pitié, quand elle a fait la mer d'Azof et le mont Blanc qui, comparés aux deux autres échantillons, ne sont plus, l'une qu'une flaque d'eau, l'autre qu'une colline en sevrage. Surtout n'allez pas m'objecter que la nature révèle sa puissance dans les infiniment petits, comme dans les infiniment grands, parce qu'alors je répondrais que les hommes sont des miniaturistes tout aussi forts que cette auguste dame. Une boîte à musique, cette inutilité ridicule, est tout aussi compliquée que le gosier d'un rossignol ; une petite montre, cette utilité évidente, l'est bien plus qu'un brin d'herbe.

Je m'aperçois que je suis bien loin de mon sujet. Je me hâte d'y revenir.

Paris, arraché au supplice de la campagne et aux taquineries de la nature, ne laisse entrer dans ses murs que des échantillons exquis de la végétation. Il est la ville des fleurs, qu'on y amène pour embellir nos demeures, et parer ces jolis démons qui en font une si effroyable consommation. Ces fleurs sont cultivées hors de la ville, parce que le terrain *intrà muros* a une trop grande valeur pour être employé à une culture quelconque. Le terrain sur les boulevards des Italiens et de la Madeleine, vaut dix-huit cents à deux mille francs le mètre superficiel, cinquante fois plus que le sol du clos Vougeau et de la colline du château d'Eiquem. Il faudrait récolter des roses en or massif pour y retrouver son compte.

Les Parisiens ne vivent cependant pas dans l'ignorance de la verdure et de l'ombrage. On a créé tout exprès pour eux des oasis salubres où ils peuvent aller tout à leur aise contempler des sites fort pittoresques. Le bois de Boulogne et ses pelouses sont toujours verts; il est défendu au soleil de les brûler. L'herbe et les feuilles ne jaunissent jamais. Je sais bien que les amants passionnés des champs prétendent que ce n'est point de la végétation. Il n'est sorte de calomnies qu'ils ne propagent contre cette promenade. Ils la disent fardée, maquillée. Je préfère cette beauté artificielle aux repoussantes réalités de nos champs et de nos bois, qui sont flétris avant d'avoir poussé. Je préfère surtout l'entre-croisement continuel de ces équipages promenant des poupées souriantes et gracieuses, à ces robustes travailleurs si peu vêtus, qui sont éparpillés dans les plaines pour faucher, faner, couper le blé ou vendanger les raisins. Loin de moi la pensée d'amoindrir le mérite des moissonneurs. C'est ici le cas de rappeler cette parole de saint Augustin, comparant la chose utile à la chose agréable. La tulipe qui ne sert à rien, dit-il, regarde fièrement le ciel, *quia vana!* l'épi de blé, si essentiel, s'incline modestement vers la terre, *quia plena!* J'écris aujourd'hui pour les tulipes qui regardent le ciel ; je rendrai plus tard justice aux épis inclinés vers la terre, en décrivant, dans un autre livre, les félicités de la campagne.

Il va sans dire que je n'accorde aucune autorité à ces hypocrisies communes à tous les poëtes, qui ont feint un fol amour pour la campagne.

O rus! quando te adspiciam!
. . . .
Flumina amem, sylvasque inglorius.
. . . .
O fortunatos nimium, si sua bona norint!
Agricolas....

Ce sont autant de soupirs échappés à des esprits parfaitement libres de s'en aller aux champs, et qui sont restés avec soin dans les villes. Il est temps d'en finir avec ce prétendu calme des bois et des prairies. Ce calme n'est pas plus le bonheur que la paralysie n'est le repos. L'homme, tant qu'il possède l'usage de toutes ses facultés, ne saurait vivre que dans la fièvre des grandes villes. Perdu dans la campagne, il s'engourdit, et insensiblement en arrive à ne plus faire autre chose que manger, chasser et dormir, trois fonctions qui le distinguent à peine des bêtes. Je ne parle pas, cela est bien entendu, de ceux que la nature de leurs affaires attachent à un poste où ils sont forcés de travailler et de lutter pour faire face aux douloureuses exigences de la vie. Je ne prescris cette supériorité de Paris qu'à ceux qui par indépendance peuvent choisir leur domicile.

Les distractions et les plaisirs offerts à Paris sont d'une variété infinie. Il y en a pour tous les âges, pour tous les goûts. Nulle ville au monde ne possède des spectacles comparables aux siens. La musique, la danse, la tragédie, la comédie, le vaudeville, le drame, la pantomime ont des scènes spéciales pour se produire et un public toujours nombreux, avide d'émotions, affamé de succès. Ces spectacles attirent à eux les meilleurs artistes. A prix égal, ils donnent la préférence à Paris, parce qu'il vaut mieux pour eux y briller au second rang que de languir au premier partout ailleurs. Ce sont nos artistes et nos auteurs qui amusent le monde entier. Les tragédies de Racine, les comédies de Molière et de Beaumarchais, et tout notre répertoire moderne, ont été traduits dans toutes les langues. *Le Chapeau de paille d'Italie* et *Deux papas très-bien* ont été joués dans les quatre parties du monde.

La même entente cordiale que du temps de Sophie Arnould, règne entre le corps diplomatique et le corps de ballet. Les comédiennes sont plus que jamais *les reines de la main gauche*. La générosité des étrangers, unie à celle de leurs compatriotes, met à leurs pieds les plus magnifiques parures[1]. Ces sultanes favorites étalent un luxe auprès duquel celui des oda-

---

[1] Il y a parmi les comédiennes des vertus farouches qui protestent, par des rigueurs que rien ne peut fléchir, contre les mœurs un peu légères que la renommée malveillante attribue à leur corporation. Il y a des anges aux enfers comme il y a des démons dans le ciel.

lisques de Constantinople n'est qu'une plaisanterie. Le vrai pacha, c'est Paris. Plus clément que ses confrères de l'Orient, il n'enferme pas ses sultanes, et il leur permet de relever leur voile.

Jamais la fascination des planches ne fut aussi violente qu'à notre époque. Le théâtre, qui n'est en réalité, pour la comédienne, que l'art de démontrer sa beauté entre quatre chandelles, lui donne un piédestal qui la grandit magiquement. Son prestige n'a plus de bornes si la pièce exige qu'elle revête un corsage à verroteries et une jupe courte. Il y a des Russes et des Américains qui sont accourus tout exprès à Paris pour voir mademoiselle *Trois Étoiles* dans une pièce à costumes. Un an après, ils reprenaient le chemin de Mycènes, comptant tristement les nombreuses onces d'or qu'il leur avait fallu semer sous les pas de cette divinité. Celle-ci, profitant des sourires de la Fortune qui l'avaient mise à la mode, ne s'avisait jamais de pleurer, dans la crainte de se rougir les yeux ; elle préférait chercher un successeur à cet amant magnifique

Le théâtre tient une large place dans nos mœurs, dont il est le reflet plus ou moins exact. Il est, de tous les plaisirs, le plus intelligent. Un esprit, quelque cultivé qu'il soit, ne trouve certes pas son bien dans tout ce qui se passe sur la scène, mais il a chance, chemin faisant, de rencontrer une lueur d'originalité. Il faut beaucoup de talent pour écrire même une mauvaise pièce. Je suis de cet avis, cependant, que la forme dramatique est une forme secondaire et inférieure. Sa vogue tient en grande partie à la mise en scène qu'elle exige, au retentissement, à la publicité qui l'accompagnent forcément, avantages interdits aux autres œuvres de plus grande valeur qui paraissent sans bruit et sans fracas sous forme de livre. La foule court au-devant des pièces de théâtre avec autant d'ardeur qu'elle semble souvent fuir les livres. Au théâtre, un auteur assiste à son triomphe ; l'auteur d'un livre n'assiste pas au sien.

J'ai dit dans un chapitre précédent qu'on ne causait plus à Paris. On ne cause pas davantage au théâtre, ce qui explique le genre de dialogue généralement adopté par nos auteurs dramatiques. Aucun d'eux n'oserait aborder le ton sentimental. Ces comédies douces et tendres, qui obtinrent tant de succès au Gymnase sous la Restauration, ne seraient plus écoutées de nos jours. Offrez au public *les Malheurs d'un amant heureux, la Seconde aimée, Louise ou la Réparation*, vous verrez quels bâillements formidables vous provoquerez. Il en est ainsi parce que, dans la vie réelle, nous ne sommes plus ni amoureux ni naïfs, et que nous feignons de ne pas nous laisser prendre même aux mensonges éloquents. Nous ne tolérons plus le sentiment ; il nous faut des paradoxes violents, des excentricités, des aventures fantasques et bizarres, et, avant tout, des trivialités. *Les Mémoires de Mimi Bamboche*, au théâtre du Palais-Royal, ont plus amusé les passants que ne l'eût fait une comédie de grande valeur. La jolie Mlle Schneider personnifiait si bien dans cette espièglerie la *Manon Lescaut* de sa génération !

Il existe à Paris quinze théâtres perpétuellement à la recherche de moyens étonnants et nouveaux pour distraire ce personnage difficile et capricieux qu'on appelle le public. Le ténor qui donne l'*ut* de poitrine, la chanteuse qui distance le rossignol, la tragédienne qui lance des éclairs, le traître de mélodrame qui s'est exercé à exprimer la terreur, la danseuse qui sait allier les ondulations lascives d'une *gitana* aux nobles poses de Vestris, le bouffon qui désopile, le baladin qui s'est fait plus souple et plus agile que le singe, occupent sur ces divers théâtres des emplois fort lucratifs. Plusieurs, parmi eux, touchent des traitements de premier ministre, alors que d'immenses savants, qui feront la gloire de leur époque, vivent péniblement du fruit de leurs veilles. Cette inégalité blessante provient de ce que ces savants ne sont compris que par quelques rares initiés, tandis que ces histrions fameux ont pour auditoire la population tout entière. Si les académiciens font certains cours pour des banquettes, en revanche, la foule se porte dans les théâtres. Grâce aux chemins de fer, des notabilités provinciales quittent tout exprès leur ville pour venir entendre Tamberlic et Mme Miolan. Le grand Léotard lui-même a perturbé des familles accourues de cent lieues pour le voir accomplir ses pénibles exercices.

Je n'ai rien à dire des distractions du monde. Nous savons tous en quoi elles consistent; mais je dois m'étendre un peu longuement sur ces plaisirs profanes qui tiennent tant de place dans notre société, et contre lesquels les moralistes et les censeurs tonnent avec si peu de succès. Je vais en parler en observateur impartial.

Paris est la seule ville du monde dans laquelle on rencontre partout ces beautés fascinantes et dangereuses que M. Prudhomme appelle *nos modernes Phrynés*. La place qu'elles tiennent dans la société paraît d'autant plus large qu'elles sont de nature voyante et tapageuse. La littérature et le théâtre ont choisi parmi elles, dans ces derniers temps, leurs héroïnes de prédilection. Sans croire, comme l'a fait avec tant de succès M. Barrière dans *les Filles de marbre*, qu'elles aient jamais disputé le haut du pavé aux honnêtes femmes, il faut admettre cependant qu'elles comptent pour quelque chose. Si demain un nouveau diable boiteux pouvait divulguer tous les secrets de leur existence, mettre à jour les petites influences qu'elles exercent, dévoiler les combinaisons de cette franc-maçonnerie qui fait toute leur force, on verrait qu'elles ont des ramifications partout, et que, par une infinité de côtés, elles touchent à tout ce qu'il y a de plus considérable dans la société. Ces aimables demoiselles[1], qui portent avec des rubans roses

---

[1] Ces demoiselles ont été successivement appelées des lo-

et des diamants le deuil de leur honneur, forment le personnel galant de Paris. Je ne remonterai pas jusqu'à Thamar, cette lorette des patriarches, qui les attendait sur la montagne pour faire briller ses bracelets et soulever un voile qui, dans ces temps reculés, n'était pas encore le symbole de l'innocence. Ces pauvres filles descendent directement des grisettes. La grisette était modeste dans ses goûts. De nature indépendante, privée de conseils, de préceptes et de verrous, elle rêvait un amant bien élevé, une robe légère et un repas frugal. Il y a eu des grisettes jusqu'en 1845. M. Paul de Kock a eu l'honneur de chanter la dernière.

A partir de cette époque, il s'opéra dans le monde des amoureux une révolution complète. La Bourse et la spéculation firent arriver l'argent dans une foule de poches pour lesquelles ce métal avait été jusqu'alors une rareté. Cette diffusion du numéraire tua la modestie. Les jeunes gens qui s'étaient contentés jusque-là d'une modiste pour aller gaîment déjeuner à

---

rettes, des filles de marbre, des dames aux camellias, des biches ; autant de mots qu'on chercherait en vain dans le dictionnaire de l'Académie française.

la campagne, eurent horreur d'une telle simplicité. Ils révèrent des créatures vêtues de soie, installées dans des boudoirs, et parcourant les rues et les promenades en brillant équipage. Une fois placé sur cette pente, le luxe ne s'arrêta plus. Les étrangers amenés à Paris par les chemins de fer, s'unissant à nos ambitieux, et voulant avoir leur part du fruit défendu, affichèrent des intentions magnifiques. Alors on vit surgir partout, à la promenade, dans les avant-scènes des théâtres, aux courses de chevaux, de petites drôlesses constellées de diamants, portant des robes à queue, puis escortées de cavaliers attentifs auxquels elles prodiguaient, sans les compter, œillades et sourires.

Quelques-unes, parmi celles-là, étaient intelligentes. Elles pensèrent avec raison qu'une jolie main blanche ornée de grosses perles n'avait plus le droit de commettre les impuretés grammaticales, tout au plus pardonnables à une portière, dont étaient si libéralement émaillées les épîtres qu'elles écrivaient à leurs adorateurs. Imitant le bourgeois gentilhomme, elles appelèrent à leur secours des professeurs de langue et de piano. Marguerite Gauthier, dont M. Alexandre Dumas fils a fait l'héroïne de la *Dame aux Camellias*, fut le premier échantillon bien réussi dans cette catégorie de demoiselles légères dont le Paris d'à présent peut contempler les fredaines. Elle restera comme le type de l'idéal dans les fastes de la galanterie contemporaine. Elle eut toutes les chances favorables. Elle fut belle, riche, ardente au plaisir, triste dans l'orgie et, pour comble de bonheur, rendit l'âme dans tout l'éclat de sa beauté. A sa mort, on trouva dans ses boudoirs, ses oratoires et ses alcôves, des hochets précieux que les marquises vinrent se disputer, et dans sa bibliothèque, un exemplaire de *Manon Lescaut* sur lequel cette pauvre créature avait tracé des commentaires qui eussent fait rêver La Rochefoucauld, Vauvenargues et toute la bande des moralistes. Si tout soldat espère le bâton de maréchal, toute fille légère, à Paris, court après la célébrité de Marguerite Gauthier.

Que de mal elles se donnent pour faire jaillir des étincelles de leur beauté ! Elles mettent la mode à la torture pour stimuler sa verve et son imagination et lui demander sans cesse des formes nouvelles. Emportées par le désir de plaire et de fixer les yeux, elles passent de l'éclat du printemps à la pâleur de l'automne ; elles arborent tour à tour les prestiges de la femme de tous les climats ; elles imposent à leur sourire et à leurs œillades une série innombrable de métamorphoses et d'intentions ; elles se font provocantes, passionnées, rêveuses, tristes, maladives, nerveuses, blasées, langoureuses, choisissant celle de ces attitudes qu'elles supposent la meilleure pour piquer l'amour-propre et la curiosité de celui qu'il s'agit d'attacher ou de retenir à leur char. Aujourd'hui elles sont en blanc, demain vous les verrez en grand deuil, non d'un parent, mais d'une illusion, et puis parce que le noir sied bien à la pâleur.

La plupart d'entre elles se proclament très-fortes contre ce qu'elles appellent les surprises du cœur; ce qui veut dire que l'amour est un trafic, la beauté un capital, dont il faut tirer un énorme intérêt. Lancez à leur poursuite un séducteur beau comme Antinoüs, spirituel comme M. de Voltaire, noble comme le duc de Richelieu, elles ne discerneront ni sa beauté, ni son esprit, ni sa distinction. Elles n'auront d'yeux que pour son portefeuille. S'il est pauvre, il sera repoussé. Par contre, si un veillard insulté par le temps, ou un pataud laid, sale et mal construit, se présentent avec des billets de banque, l'un et l'autre seront Lindor, et Rosine aussitôt se rendra. Quant à l'heureux possesseur de cette dame capricieuse, il sera trompé, trahi, sacrifié, si sa magnificence et sa prodigalité ne trouvent pas le moyen d'éclipser celles de ce passant dangereux. Il n'y a plus que dans les opéras-comiques qu'on est aimé à Paris pour soi-même, et encore dans ce cas la scène se passe à la campagne ; l'amoureuse a le courage de s'appeler Annette, porte des bonnets ronds, a les mains rouges et des pieds inquiétants.

C'est avec l'escadron de ces drôlesses que les jeunes gens de famille font leurs premières armes, et apprennent, en écornant un peu leur patrimoine, à devenir par la suite d'excellents maris. Elles forment une race à part, très-séduisante, très-entraînante, et qu'un sage de la Grèce lui-même ne verrait pas sans danger. De telles enchanteresses ne pourraient vivre sous aucune autre latitude que Paris, qui est en quelque sorte la serre chaude de ces étranges sensitives. Le besoin de plaire et d'étonner a su leur faire découvrir une sorte de distinction inconvenante, insupportable à voir toujours, mais fort agréable à regarder en passant. Elles sont le vice avec ses flammes, qui fait aimer la vertu à ceux qui rentrent chez eux.

Si l'on s'avise de suivre les plus fastueuses et les plus à la mode dans leurs folles extravagances, on est frappé de la monotonie de leur existence et du peu de variété de leurs plaisirs. Elles sont élégantes, elles se montrent à la promenade, au théâtre, aux courses, puis le soir elles vont entre elles au bal, dansent, jouent au baccarat et soupent. Ce programme est fort simple et surtout fort monotone, en ce qu'il se renouvelle chaque jour sans la moindre variation. Ces petits démons, que des amants aveugles roulent dans l'or et les perles comme on roule des poissons dans la farine, voient se dresser partout des barrières infranchissables qui leur crient : On ne passe pas! Elles sont des réprouvées tenues dans une quarantaine inflexible, qui les écarte et les éloigne de tout endroit où viennent s'asseoir deux mères de famille. Voilà pourquoi elles forment un monde à part, dont M. Alexandre Dumas fils a été le Christophe Colomb. Il est vrai de dire que les femmes honnêtes sont toutes venues examiner ce monde et mesurer avec curiosité ses récifs, ses écueils et ses antres enchantés. M. Dumas avait su faire sa peinture désolante, désireux qu'il était, sans doute, de donner tort à cette pensée de La Rochefoucauld, qui osa dire que toute femme vertueuse était lasse de son métier.

Les belles réprouvées d'à présent sont très-versées dans l'art de plaire et d'éblouir. Elles savent mettre à profit les secrets que leur ont légués leurs devancières dans la carrière de la galanterie. Elles excellent surtout à prendre des attitudes de *sainte-n'y-touche* qui prédisposent à l'indulgence. Il faut les voir à la promenade, nonchalamment étendues dans leurs voitures. Elles baissent les yeux, ont l'air indifférent, et semblent succomber sous le poids de tous les emblèmes de l'innocence et de l'ingénuité. Je ne parle pas de ces effrontées de bas étage qui ont perdu depuis longtemps la dernière paillette de la beauté ; je parle au contraire des premiers sujets de cette corporation qui n'en sont encore qu'à la préface de la faute, qu'au seuil de la chute. Le vice, qui enlaidit et dégrade à la longue, ne peut rien contre l'excessive jeunesse. C'est en vain qu'il essaye de la maculer de sa griffe. Ce que j'appellerai les coups de soleil de la beauté du diable se savent à l'abri de ses souillures. Ce n'est que plus tard que ces petites Madeleines auront à compter avec lui ; mais jusque-là, protégées par une perfide impunité, elles portent haut un front que ne peuvent atteindre ni les rides ni la rougeur.

Elle s'observent d'ailleurs avec une rigoureuse attention, et remédient souvent trop tôt à la plus imperceptible tare. Dès que ce duvet que la jeune fille, comme la pêche, reçoit en partage, cesse de les parer, vite elles ont recours aux artifices les plus ingénieux pour demander à la coquetterie ce que le printemps leur refuse. Ces sortes d'emprunts sont ce que l'on pourrait appeler les fonds secrets de la beauté.

Elles connaissent tous les artifices de l'ange Azaliel, qui enseigna, comme on sait, aux filles de la terre, l'art de se farder. Elles ont, dans un boudoir spécialement destiné à cette importante opération, les essences, les parfums, les couleurs, les poudres et les pinceaux avec lesquels elles peuvent à volonté, et selon les exigences de la situation, produire les chairs argentées, givrées, neigeuses, laiteuses, boréales et nacarat, toutes perfections qu'on ne rencontre qu'à Paris. Elles possèdent aussi le précieux don d'iriser les cils, d'illuminer les yeux, de pailleter les cheveux, de moirer le front et de chiner les joues ; espiègleries originales, dépravations de décadence, à l'aide desquelles se sont opérées tant de fois des fascinations lucratives. Elles font leur figure pour la ville, absolument comme les comédiennes pour la rampe.

Ces victimes du plaisir ne dorment pas pendant la nuit. Il y a, sur un certain boulevard, deux maisons où elles ont coutume d'aller souper. Tandis que Paris sommeille et que les lumières sont éteintes dans toutes les demeures, ces deux maisons brillent comme des tours de Nesle. Les fenêtres, éclairées par des buissons de bougies, semblent jeter des flammes. On entend souvent au dehors les éclats de rire et les chansons qui s'échappent au dessert des lèvres des Mimi Pinson et des petits Desgrieux en herbe qui jettent si allègrement par la fenêtre leur jeunesse et leur argent. On mange peu dans ces festins, on gaspille des cailles, des pêches et du raisin ; mais, en revanche, on joue du piano avec véhémence ; les demoiselles se mettent de la poudre de riz et brûlent des cigarettes. Quant à la conversation, elle est réglée d'avance. On parle de *Naughty boy* et de *Tonnerre des Indes*, deux chevaux très-intéressants, ou de la robe mauve de Mlle Vanda, et on ne cesse de parler de la robe mauve de Mlle Vanda que pour reparler de *Tonnerre des Indes* et de *Naughty boy*.

« Chers enfants, dansez, chantez,
» Votre âge
Échappe à l'orage, etc., etc. »

On ne saurait blâmer ces jeunes bambocheurs qui, dans l'ensemble du menuet social, représentent le paroxisme de la civilisation. Plusieurs parmi eux, ainsi que le faisait observer M. Royer-Collard, sont peut-être l'espoir de la France.

Mais je n'ai montré que le côté séduisant de ce dur métier de la galanterie. Il y a le côté implacable et terrible qu'il ne faut point laisser dans l'ombre. Toutes ces petites reines, que le caprice et la dépravation mettent sur un piédestal, sont impitoyablement brisées par ceux qui les ont grandies. Malheur à celles qui n'ont pas au moins la vertu de la fourmi. La statistique prouve que bien peu savent profiter des sourires de la fortune. Pour une ou deux qui se constituent des rentes, on en compte des douzaines qui n'ont, après la dernière grimace de leur beauté, que l'hôpital en perspective. Elles adoucissent la transition du luxe effréné à la gêne en vendant les futilités que les dynasties de leurs amants ont entassées dans leurs tiroirs et sur leurs étagères. C'est là qu'il faut aller pour voir jusqu'où monte le caprice d'un petit démon de cette espèce autorisé à puiser dans les trésors d'un prodigue. J'ai trouvé dans une de ces ventes des piles de mouchoirs et des chemises brodés par Marquet, tout à fait semblables à ceux que la ville de Madrid avait offerts en cadeaux à S. M. Très-Catholique la reine Isabelle. La dame en question se servait de ces raretés, dont Pallas elle-même eût été jalouse, pour aller au bain. Son nez, prétendait-elle, s'écorchait dans tout autre mouchoir.

Cette petite tribu n'est aujourd'hui traitée ni mieux ni plus mal qu'autrefois. Les plus ambitieuses aspirent à l'honneur de jouer la comédie et de faire parler d'elles dans les chroniques. Au lieu d'entretenir le public de la séduction de leurs regards, de la luxuriance de leur chevelure, elles feraient bien mieux d'aller trouver les économistes, si habiles pour ré-

soudre les problèmes de la science sociale. « Très-
» savants économistes, leur diraient-elles, arrachez-
» nous à notre métier, et faites que le travail laissé
» aux femmes soit suffisamment rémunérateur.
» Lorsque vous aurez fait diminuer le traitement des
» ténors, lorsque vous nous aurez rendu toutes ces
» places qu'ont usurpées les hommes, nous vous pro-
» mettons de rentrer dans le sentier de la vertu et
» de n'en point sortir ; nous vous jurons de ne plus
» hanter ni Mabille ni le Château des Fleurs, qui
» sont, à nous autres pauvres filles, la Bourse où
» nous allons, non pour danser, non pour nous di-
» vertir, mais pour soigner notre renommée et mon-
» trer à la foule que nos yeux brillent encore, que
» nos dents sont blanches et que nos pieds sont tou-
» jours agaçants et petits. Jusque-là, ne nous jetez
» pas la pierre !

» Nous vous supplions, clairvoyants économistes,
» de..... » (Voir au chapitre suivant la fin de cette
supplique.)

CHAPITRE XIV

SUITE DE LA SUPPLIQUE A UN ÉCONOMISTE

Lave esto esq. crlon œuwest cergw jasjuwen eol escq quzi. Larwon erwen forts guć arduus grandom arresw. Juz carlmou esa estancitan nitres stail escar. Parque cruelza carragoreum. Citrescalcar estison jasprismesta. Xèwonstais escarlarduus. Xwestaplaon, Dphazil eszira, careuste oh aimestiphon gorbe esi esi laru lau.

Exqwin rolaw entraistoon fœduum escarque nobopimalin esq̇, ese barplan stare, aguus esqui napo, ni es fac aimesrylla natideos esquard erzzicos esfarduœs. Nunqwaw erstioberla myosicale ni noscordum jescar plum agrewdeum jusnonborquam. Leocidiaz astes uterpes jarfwown esu bibléo. Ah sieos theapereum estsi pour argvarsconscenti. Eseum thaëz eus si cor nasquum escaw quereon jarmin éole par. Interwantyr nabyrrapasçal acropalewitz priamorde borignuus. Etsi lanti pascuum aquez arjuw erunside vouez.

Lauwez nabosigil era su atos exi o atos sempré, simpré. Lai tyran fœminun nos exiyeon dux faladicon ex initi. Belvoz si marre jazoin arcedium encri asto belligo sicur marriaz.

Careum atteus ioesteolagi astroumivirga esto carmeneon es tan molis dévosecaton. Male palidi estapolin leas categrealis nomineon esti sangui carle diu lassadun. Al uteu one foz an ruy ac; eno raine qxi dance on quexi. Ley bramo di vigeon sultanicideas dolio in enkercheon eti spra utilaben endros à simoi eterland la malariononi. Sicot etapulcher heliotranpacipha sexos saxonis. Eti panticarpos lendemay amariou Laerticén. Ac rainoventralia escartroli. Mextra remia suur luc arb puicheray in raustru habedabis remercian si la vire nove amary. Laix a noues faph lais plos fepe li phaibles acaroumanseon etsinaim jopani si jovœ etsicar ino paillito quicis usinaioun et arli se utax etyaque suon cannibelcon coux duxe palay estar penéloupinaï.

Esclavouone carseorum onionne célira etsimageon critza samelioun ne scancicazutt. Jeimeaï ohi citerasi eti paphosili concubentanice, dolorcai escaiun etaciaiiiaiica. Carpulii epistaoun ecarlisemipoleonios carloweji suedie en aca siphaoum photholimecapalinou. Carpeas usuoün ephraimosu si ces ecarlizoti alliminogonupa usuum tribuaireu, etza aime carisi etamylophce quiseum phata phary.

Sicum enoüis ephraeiron aponipotuci estasion arcasus tyronancy etram curœ pecumccarum, artifecios esicar lais sicepheuticonu. Lai escum in lo phropheticaï pair qui y caron essiphithoutrey si annhiboluüm per la cicargeon des vilurbs diu en Esopopuluo etsicaramono, animo iudiornon. Expedium on sus escartophraün attentian mai virtusi marssiu carrinopolyn pair lais pholausophy eti noun serantis inocalutari essinu si parle calombazi; carlomaun esiannosi quanta lubia scraissios da nousiogaraph. Arduus erain quios reliquin si museaï desy lai chaiminoun scrit à mos à nosi, si posi et si ponairai à nosi e sdimpray nosi deon saucraisais monocatelini.

Phaernouüm photbortisipaüm, et si car lenci mar

ephraious os phieds laigeairs esanio non car may a nosi, si posi, etsi musaï car.'a esaemautinisco nos quis phaetheris emausionice.

Currcosi *placainte etsijarlos non ephraïmisé cey quidamory, dicaban anicori : à mos à nosi, si posi et si ponairai à nosi déon monocaleni.*

CHAPITRE XV

DE QUELQUES MŒURS NOUVELLES

Paris, que Mercier avait appelé la *Guinguette de l'Europe*, échappe à présent à toute espèce de définition. C'est tout à la fois la ville du plaisir et du travail, de la science et de l'ignorance, de la gravité et de la futilité, de la vertu et du vice, de la vanité et de la modestie, du luxe et de l'économie, de l'or et de la misère, ainsi que le disait Béranger.

Chacun, dans cette ville, prend son plaisir où il le trouve. Si les boulevards et les quartiers à la mode sont animés et turbulents, tout près, on trouve des endroits paisibles habités par d'excellents bourgeois qui ne soupçonnent absolument pas les mœurs et les habitudes des viveurs. Ces téméraires et ces prudents se coudoient, s'entre-croisent sans se mêler, et continuent de former deux races distinctes. Paris présente partout ce phénomène, de gens occupant la même maison, pendant de longues années, et ne se connaissant pas. Ces bruits malveillants qu'on appelle des *cancans* dans les petites villes, ne vivent pas à Paris. Les domestiques eux-mêmes ne peuvent réussir à les cultiver dans la loge des concierges. Ces petites médisances meurent d'inanition, faute de public pour les écouter.

Ce sont les gens riches qui donnent à la ville sa physionomie. L'hiver, ces heureux de la terre ont le carnaval avec son cortége de bals, de dîners et de concerts. L'été, ils s'en vont le soir animer les guinguettes créées tout exprès pour eux. Ces jardins, ces bals, ces concerts sont presque tous groupés dans les Champs-Élysées. La société va aux *Concerts de Paris* que leur créateur a su mettre à la mode. La mère de famille peut sans danger y conduire sa fille. Ses yeux ne voient qu'une verdure décente, ses oreilles n'entendent que la musique des maîtres.

Lorsque le soleil devient par trop intolérable, c'est-à-dire vers la fin de juin, c'est la mode à présent de quitter Paris et de s'en aller dans les villes d'eaux, pour se reposer des fatigues de l'hiver.

Ces valseuses intrépides, pâlies par les veilles, vont se baigner dans les eaux et les ombrages d'Ems, cette *villa* des duchesses, et demander à ses ondes merveilleuses les couleurs et la fraîcheur que l'excès des plaisirs a ravies. Après un rêve d'un mois dans ce petit Paradis mystérieux, d'où l'on a su écarter les bruits et les fracas de la ville, les baigneurs partent pour Wiesbaden, situé comme Ems dans le vert et beau duché de Nassau. Wiesbaden sert de transition et prépare le retour à la ville. Ses grands parcs plantés d'arbres, qui remontent à Charlemagne, reposent agréablement. On quitte Wiesbaden pour Bade, où, en dépit des indications de la géographie, les Parisiens sont chez eux, entourés de tout ce qui les flatte, de tout ce qui leur plaît.

Quelques stations thermales de la France font concurrence à ces villes d'Allemagne; mais la lutte est inégale, parce qu'elles ne possèdent ni l'animation ni le luxe de leurs rivales; elles n'ont pas comme elles ces salons de jeux, où *la roulette* et *le trente-et-quarante* ont dressé leurs autels.

Vers le mois de septembre, ces touristes vont faire une visite à leurs campagnes. Alors commence pour eux la série sans fin de prétextes imaginés pour motiver des voyages à Paris. Nul parmi eux ne peut résister à la fascination que cette ville magique exerce sur tous ceux qui connaissent ses plaisirs, ses ressources et ses attraits. Ces pauvres exilés appellent de tous leurs vœux les premiers froids, qui justifient un retour définitif dans la capitale. Presque tous les Parisiens partagent l'aversion, peut-être trop violente, que j'ai montrée pour la nature et la campagne.

Quant aux autres plaisirs, il faut être archi-émancipé pour y pouvoir prendre part. Ces bals, jadis champêtres, ont perdu depuis longtemps leur aspect pastoral. Ce jardin Mabille et ce Château des Fleurs qui chaque soir ouvrent leurs portes, sont des modèles de fraîcheur et de coquetterie. Impossible de rêver des buissons de fleurs plus éclatants, des bosquets plus pittoresques et plus mystérieux. Par malheur, les petites Armides qui en ont pris possession les ont convertis en *pays du Tendre*, par trop tendre. Les Amours eux-mêmes, effrayés par la violence des larcins, ont cru devoir prendre la fuite.

C'est à Mabille et au Château des Fleurs que les beautés à la mode viennent tendre leurs filets et pêcher des cœurs qui ne viennent là que pour se laisser prendre. Les étrangers raffolent de ces deux jardins qui n'existent qu'à Paris, et dont la physionomie est très-originale, quoi qu'en puissent dire ces faux blasés, ces faux difficiles qui n'ont jamais rien vu, et qui feignent de préférer à ces guinguettes de prétendus paradis dont ils ignorent certainement la place. Si on ajoutait foi à leur dédain, il faudrait les prendre pour autant de petits Louis XIV sevrés de leurs Versailles. En dépit de la moue de ces messieurs, ces deux jardins jouissent d'une vogue parfaitement méritée, et ont pour public assidu ce qu'il y a de mieux dans toutes les catégories sociales.

Vers minuit, alors que l'orchestre donne sa dernière note, et que le feu d'artifice lance sa dernière fusée, ces jouvenceaux et ces jouvencelles montent en voiture et vont souper. L'aurore les surprend presque toujours au dessert.

Ces bals n'existent que depuis environ vingt ans. Ils ne ressemblent en aucune façon à ces guinguettes dont ils ont pris la place, et qui ont émigré presque toutes vers les barrières; quelques-unes parmi celles-là, ont cependant tenu bon, et sont restées au centre de Paris. Elles forment *la cour des Miracles* du plaisir. C'est là que vont se réfugier toutes ces beautés de second ordre que la vogue abandonne au moment de passer ce tropique redoutable de la vie galante, qu consiste pour toute femme à échanger le cachemire de l'Inde contre le cachemire français, et le coupé de Bender pour une voiture de régie. Une foule de petits livres d'un réalisme abominable ont raconté toutes les phases douloureuses de ces Bérézina lamentables.

C'est à l'Angleterre que nous avons emprunté la passion des courses de chevaux. Les courses sont devenues, parmi nous, une institution, pourvue de règlements, de fonctionnaires et d'organes de publicité. Cette institution a pour *Moniteur* le *Sport*, pour administrés les éleveurs et les *sportsmen*, et pour tribunes les hippodromes de Longchamps, de Chantilly, de Versailles et de Bade, qui répondent à ceux d'Epsom et de New-Market.

Les premiers coureurs français remontent au dix-huitième siècle. Ils s'appelaient le duc Philippe d'Orléans, le duc de Penthièvre, le chevalier de Saint-Georges, et de Lauriston. Ils couraient, non sur des pelouses, mais dans les contre-allées de la route royale de Paris à Saint-Denis. A présent tout est changé. L'appui accordé par le gouvernement à l'amélioration de la race chevaline a donné une importance presque officielle à ce genre de plaisir. Si nous n'avons plus les roués de Versailles, nous avons les *sportsmen*, qui ont hérité de la plupart de leurs qualités.

La langue française a été forcée d'accorder l'hospitalité à une invasion considérable de mots anglais, indispensables à l'amélioration de la race chevaline. Je citerai entre autres expressions passées dans notre langage familier les mots *sport, sportsman, turf, handicape, derby, steeple-chase*, etc., etc., qui émaillent si agréablement les récits des coureurs et les articles consacrés aux épreuves du printemps et de l'automne. Grâce à ces concours, pendant lesquels des prix d'une grande valeur sont accordés aux chevaux de sang qui prouvent beaucoup de vitesse et beaucoup de force, nos haras sont pourvus d'étalons qui procurent à l'armée, à l'agriculture, à l'industrie et au plaisir une race forte, élégante, résistante, appelée dans un avenir très-rapproché à délivrer la France de ces abominables rosses aux formes ridicules, qu'on supposait toutes issues de Rossinante.

Pendant longtemps, les membres de la Société d'encouragement étaient les seuls qui prissent part aux courses. Ils s'en allaient gravement assister à ces expériences, et décerner les prix aux vainqueurs. Depuis quelques années seulement, ces cérémonies hippiques ont pris les allures d'une fête.

Lorsqu'il y a des courses à Longchamps, Paris est en émoi. Tous les équipages et toutes les voitures de place se dirigent vers le *turf*. Le public des premières représentations brille au premier rang dans les tribunes. Les dames arrivent en grande toilette, et parlent avec les jeunes *sportsmen* de l'ardeur des chevaux engagés dans la lutte.

On a fait venir d'Angleterre des voitures de forme particulière, spécialement destinées à ce petit voyage. Ces voitures, qui ressemblent à la *Berline de l'émigré*, sont attelées de quatre ou six chevaux, et flanquées de brancarts et de palonniers de rechange. Elles roulent de Paris à Saint-Cloud, mais, à l'aspect formidable qu'on leur a donné, on serait tenté de croire qu'elles doivent aller jusqu'au bout du monde. Quant aux voyageurs, placés dans l'intérieur et juchés sur les banquettes de l'impériale, ils ont un air grave, affairé, presque solennel. On dirait vraiment qu'ils ont abandonné leur foyer pour s'aventurer dans une dangereuse expédition.

Les talus qui bordent le champ de course sont couverts d'une foule innombrable attirée par cet immense cortége d'équipages et de cavaliers.

Les chevaux de course portent des noms bizarres. Une même épreuve peut grouper dans l'arène *Corpus juris* et *Déception*, *Tonnerre-des-Indes* et *Pas-de-Chance*, *Grande-puissance* et *Prédilection*, *Zéro-à-cheval* et *Quid juris*, *Quoniam* et *Equinoxe*. Pourquoi ne pas ajouter à cette collection *Vaillantif* et *Babiéça*, ces noms portés par les coursiers du *Cid* et de Rolland?

Ce ne sont pas toujours les jockeys qui courent. Les sportsmen montent aussi leurs chevaux. Alors vous voyez ces messieurs quitter les habits coupés par Alfred et Véronique, les deux tailleurs à la mode, et endosser des casaques rouges et blanches, absolument semblables à celles des domestiques. C'est, dit-on, par amour des chevaux qu'on se métamorphose ainsi, et qu'on risque de se casser le cou en franchissant des haies et des rivières. Je n'en crois rien. M. le duc de Caderousse-Grammont, qui court très-souvent, se préoccupe peu du prix, et ne tient pas à le gagner. S'il se soumet à une si rude épreuve, c'est pour se faire applaudir par toutes les jolies dames qui agitent leurs mouchoirs quand il passe devant elles.

Cette mode de courir n'est en réalité qu'une réminiscence des tournois et des carrousels. Les couleurs de la casaque pourraient bien être celles de la dame de nos pensées.

Les courses et la garde nationale ont doté les Français en général, et les Parisiens en particulier, de l'habitude de fumer. Nulle part on ne fume autant qu'en France. Cette passion, qui procure au trésor public un revenu considérable, a modifié complétement nos mœurs. Nous n'en sommes pas encore arrivés où en sont les Anglais et les Allemands, que le cigare et la pipe rendent presque muets, cependant il faut le reconnaître, le tabac a modifié notre caractère. C'est lui qui nous a éloignés des salons, où nous ne restons plus pour causer.

On n'a pas encore trouvé la véritable cause qui a propagé à un si haut degré parmi nous cette regrettable passion. Je n'ai pas la prétention de la découvrir ; je crois qu'elle tient en grande partie à cette tendance qu'à l'homme de fuir la vie, c'est-à-dire de se dérober à lui-même, et d'échapper par un artifice quelconque au fonctionnement de sa pensée. Cette tendance s'est manifestée chez tous les peuples. Les Orientaux font usage des narcotiques ; en Europe, nous avons recours au tabac, qui n'est lui-même qu'un narcotique à petite dose. L'action stupéfiante qu'il exerce sur le cerveau, détermine une petite ivresse qui n'est pas sans volupté ; elle nous fait entrer dans un léger nuage où nous nous complaisons. Ce nuage adoucit les soucis de la vie, et semble atténuer les rigueurs de la lutte que nous soutenons tous plus ou moins ici-bas. M. Baudelaire, dans son intéressant ouvrage des *Paradis artificiels*, a parfaitement expliqué cette bizarrerie. Il s'est appuyé sur des faits d'une exactitude incontestable pour bâtir sa théorie, et montrer qu'en tout temps les hommes ont demandé aux excitants des émotions factices remplaçant, ou plutôt exagérant celles qu'à l'état normal ils puisent dans leur constitution. L'opium, le haschich, le tabac sont autant d'efforts tentés pour substituer une ombre d'extase ou de vision au calme régulier de la vie.

Le tabac compte des adversaires implacables qui le considèrent comme une poison abrégeant la vie, et abâtardissant la race ; M. de Balzac a fulminé toute sa vie contre cette plante. Voici le réquisitoire éloquent qu'il a composé contre elle :

« La nature a mis des bornes à nos plaisirs. Dieu me garde de taxer ici les vertus militantes de l'amour, et d'effaroucher d'honorables susceptibilités ; mais il est extrêmement avéré qu'Hercule doit sa célébrité à son douzième travail, généralement regardé comme fabuleux aujourd'hui que les femmes sont beaucoup plus tourmentées par la fumée des cigares que par les exigences de l'amour. Quant au sucre, le dégoût arrive promptement chez tous les êtres, même chez les enfants. Quant aux liqueurs fortes, l'abus donne à peine deux ans d'existence ; celui du café procure des maladies qui ne permettent pas d'en continuer l'usage. Au contraire, l'homme croit pouvoir fumer indéfiniment. Erreur.

» Le tabac se consomme aujourd'hui par la bouche après avoir été longtemps pris par le nez : il affecte les doubles organes merveilleusement constatés chez nous par Brillat-Savarin : le palais, ses adhérences, et les fosses nasales. Au temps où l'illustre professeur composa son livre, le tabac n'avait pas, à la vérité, envahi la société française dans toutes ses parties comme aujourd'hui. Depuis un siècle, il se prenait plus en poudre qu'en fumée, et maintenant le cigare infeste l'état social. On ne s'était jamais douté des jouissances que devait procurer l'état de cheminée.

» Le tabac fumé cause en prime abord des vertiges sensibles ; il amène chez la plupart des néophytes une salivation excessive, et souvent des nausées qui produisent des vomissements. Malgré ces avis de la nature irritée, le tabacolâtre persiste, il s'habitue. Cet apprentissage dure quelquefois plusieurs mois. Le fumeur finit par vaincre à la façon de Mithridate, et il entre dans un paradis. De quel autre nom appeler les effets du tabac fumé ? Entre le pain et du tabac à fumer, le pauvre n'hésite point ; le jeune homme sans le sou qui use ses bottes sur l'asphalte des boulevards, et dont la maîtresse travaille nuit et jour, imite le pauvre; le bandit de Corse que vous trouvez dans les rochers inaccessibles ou sur une plage que son œil peut surveiller, vous offre de tuer votre ennemi pour une livre de tabac. Des hommes d'une immense portée avouent que les cigares les consolent des plus grandes adversités. Entre une femme adorée et le cigare, un dandy n'hésiterait pas plus à la quitter que le forçat à rester au bagne s'il devait y avoir du tabac à discrétion ! Quel pouvoir a donc ce plaisir que le roi des rois aurait payé de la moitié de son empire, et qui surtout est le plaisir des malheureux? Ce plaisir, je le niais, et l'on me devait cet axiome : Fumer un cigare, c'est fumer du feu.

» Je dois à George Sand la clé de ce trésor ; mais je n'admets que le houka de l'Inde, ou le narguillé de la Perse. En fait de jouissances matérielles, les Orientaux nous sont décidément supérieurs.

» Le houka comme le narguillé, est un appareil

très-élégant, il offre aux yeux des formes inquiétantes et bizarres qui donnent une sorte de supériorité aristocratique à celui qui s'en sert, aux yeux d'un bourgeois étonné. C'est un réservoir, ventru comme un pot du Japon, lequel supporte une espèce de godet en terre cuite où se brûle le tabac, le patchouli, les substances dont vous aspirez la fumée, car on peut fumer plusieurs produits botaniques, tous plus divertissants les uns que les autres. La fumée passe par de longs tuyaux en cuir de plusieurs aunes, garnis de soie, de fil d'argent, et dont le bec plonge dans le vase au-dessus de l'eau parfumée qu'il contient, et dans laquelle trempe le tuyau qui descend de la cheminée supérieure. Votre aspiration tire la fumée, contrainte à traverser l'eau pour venir à vous par l'horreur que le vide cause à la nature. En passant par cette eau, la fumée s'y dépouille de son empyreume, elle s'y rafraîchit, s'y parfume sans perdre les qualités essentielles que produit la carbonisation de la plante, elle se subtilise dans les spirales du cuir et vous arrive au palais pure et parfumée. Elle s'étale sur vos papilles, elle les sature, et monte au cerveau, comme des prières mélodieuses et embaumées vers la divinité. Vous êtes couché sur un divan, vous êtes occupé sans rien faire, vous pensez sans fatigue, vous vous grisez sans boire, sans dégoût, sans les retours sirupeux du vin de Champagne, sans les fatigues nerveuses du café. Votre cerveau acquiert des facultés nouvelles, vous ne sentez plus la calotte osseuse de votre crâne, vous volez à pleines ailes dans le monde de la fantaisie, vous attrapez vos papillonnants délires, comme un enfant armé d'une gaze qui courrait dans une prairie divine après des libellules, et vous les voyez sous leur forme idéale, ce qui vous dispose à la réalisation. Les plus belles espérances passent et repassent, non plus en illusions, elles ont pris un corps, et bondissent comme autant de Taglioni, avec quelle grâce! vous le savez, fumeurs! Ce spectacle embellit la nature, toutes les difficultés de la vie disparaissent, la vie est légère, l'intelligence est claire, la grise atmosphère de la pensée devient bleue ; mais, effet bizarre, la toile de cet opéra tombe quand s'éteint le houka, le cigare ou la pipe. Cette excessive jouissance, à quel prix l'avez-vous conquise ? Examinons. Cet examen s'applique également aux effets passagers produits par l'eau-de-vie et le café.

» Le fumeur a supprimé la salivation. S'il ne l'a pas supprimée, il en a changé les conditions, en la convertissant en une sorte d'excrétion plus épaisse. Enfin, s'il n'opère aucune espèce de sputation, il en a engorgé les vaisseaux, il en a bouché ou anéanti les suçoirs, les déversoirs, papilles ingénieuses dont l'admirable mécanisme est dans le domaine du microscope de Raspail, et desquels j'attends la description, qui me semble d'une urgente utilité. Demeurons sur ce terrain.

» Le mouvement des différentes mucosités, merveilleuse pulpe placée entre le sang et les nerfs, est l'une des circulations humaines les plus habilement composées. Ces mucosités sont si essentielles à l'harmonie intérieure de notre machine, que dans les violentes émotions il s'en fait en nous un rappel violent pour soutenir leur choc à quelque centre inconnu. Enfin, la vie en a si soif, que tous ceux qui se sont mis dans de grandes colères peuvent se souvenir du dessèchement soudain de leur gosier, de l'épaississement de leur salive et de la lenteur avec laquelle elle revient à son état normal. Ce fait m'avait si violemment frappé, que j'ai voulu le vérifier dans la sphère des plus horribles émotions. J'ai négocié longtemps à l'avance la faveur de dîner avec des personnes que des raisons publiques éloignent de la société : le chef de la police de sûreté et l'exécuteur des hautes œuvres de la cour royale de Paris, tous deux d'ailleurs citoyens, électeurs et pouvant jouir des droits civiques comme tous les autres Français. Le célèbre chef de la police de sûreté me donna pour un fait sans exception que tous les criminels qu'il avait arrêtés sont demeurés entre une et quatre semaines avant d'avoir recouvré la faculté de saliver. Les assassins étaient ceux qui la recouvraient le plus tard. L'exécuteur des hautes œuvres n'avait jamais vu d'homme cracher en allant au supplice, ni depuis le moment où il lui faisait la toilette.

» Ces observations et ces faits indiquent le prix qu'attache la nature à la mucosité prise dans son ensemble, qui déverse son trop plein par les organes du goût, et qui constitue essentiellement les sucs gastriques, ces habiles chimistes, le désespoir de nos laboratoires. La médecine vous dira que les maladies les plus graves, les plus longues, les plus brutales à leur début sont celles que produisent les inflammations des membranes muqueuses. Enfin le coryza, vulgairement nommé rhume de cerveau, ôte pendant quelques jours les facultés les plus précieuses, et n'est cependant qu'une légère irritation des muqueuses nasales et cérébrales.

» De toute manière, le fumeur gêne cette circulation, en supprimant son déversoir, en éteignant l'action des papilles, ou leur faisant absorber des sucs obturateurs. Aussi, pendant tout le temps que dure son travail, le fumeur est-il presque hébété. Les peuples fumeurs, comme les Hollandais, qui ont fumé les premiers en Europe, sont essentiellement apathiques et mous ; la Hollande n'a aucun excédant de population. La nourriture ichthyophagique à laquelle elle est vouée, l'usage des salaisons et un certain vin de Touraine fortement alcoolisé, le vin de Vouvray, combattent un peu les influences du tabac ; mais la Hollande appartiendra toujours à qui voudra la prendre ; elle n'existe que par la jalousie des autres cabinets, qui ne la laisseraient pas devenir française. Enfin, le tabac, fumé ou chiqué, a des effets locaux dignes de remarque. L'émail des dents se corrode, les gencives se tuméfient et sécrètent un pus qui se mêle aux aliments et altère la salive.

» Les Turcs, qui font un usage immodéré du tabac, tout en l'affaiblissant par des lessivages, sont épuisés de bonne heure. Comme il est peu de Turcs assez riches pour posséder ces fameux sérails où ils pourraient abuser de leur jeunesse, on doit admettre que le tabac, l'opium et le café, trois agents d'excitations semblables, sont les causes capitales de la cessation des facultés génératives chez eux, où un homme de trente ans équivaut à un Européen de cinquante ans. La question du climat est peu de chose : les latitudes comparées donnent une trop faible différence. »

Il ne faut point prendre à la lettre ce que M. de Balzac affirme avec cette subtilité entraînante qui fait sa plus grande force. Cet esprit, si puissant quand il analyse une figure ou un caractère, est parfois tombé dans l'erreur quand il a discuté les phénomènes cérébraux. La médecine qu'il invoque pour faire la guerre au tabac ne partage son opinion qu'en cas d'excès dans l'usage. Elle considère au contraire le tabac comme salutaire dans beaucoup de cas, et comme efficace pour chasser le mauvais air[1]. Tous ceux qui fument n'abrègent pas leurs jours; ils trouvent, au contraire, dans le cigare un remède contre le trouble qu'apportent infailliblement au cerveau les préoccupations inhérentes à notre existence orageuse et compliquée. Ce n'est pas contre le tabac qu'il convient de crier. Il faut réserver nos colères et nos imprécations contre toutes ces notions arides et abstraites que nous devons apprendre, sous peine de passer pour des ignorants. Un homme, fumât-il du soir au matin, n'altérera pas autant sa santé que ceux qui sont contraints d'étudier le calcul différentiel, la philosophie de Hegel, l'esthétique de Schiller, ou la mécanique céleste de Laplace.

[1] Dans le second volume des *Grandes Usines de France*, M. Turgan a consacré au tabac et à son influence sur les fonctions du cerveau et la santé, des réflexions fort justes, qui réduisent à leur juste valeur les déclamations des adversaires de ce parfum.

CHAPITRE XVI

PARIS SERA-T-IL PLUS CIVILISÉ?

Je n'ai jamais eu la prétention d'esquisser un tableau complet de Paris. Un tel sujet, vaste comme une encyclopédie, est au-dessus de mes forces et interdit à ma cécité. Il faudrait avoir dans la tête le génie de Voltaire et de Balzac, et dans les yeux le regard perçant de l'aigle, pour distinguer même vaguement les insondables et incommensurables détails de ce vertigineux panorama.

Après m'être débattu dans les premiers chapitres

de ce livre avec les mystères qui ont enveloppé l'éclosion de cette grande capitale, je suis arrivé à son état présent, et aussitôt j'ai vu surgir une autre difficulté. Si jusque-là je n'avais pu lire distinctement dans le passé, à partir de cet instant, accablé par la fertilité de mon sujet, par la multitude des curiosités qui se déroulaient sous le spectre de mes rayons visuels, j'ai vu monter jusqu'à moi comme le flot de la confusion. Ce flot semblait prendre à plaisir de troubler, de confondre et d'amalgamer les divers plans du tableau, pour me réduire à l'impuissance et me punir de la témérité que j'avais eue de vouloir jeter un peu de lumière sur ces complications infinies dont l'ensemble forme à Paris ce qu'on pourrait appeler le chaos de la civilisation. Encore déçu du côté du présent, je me retourne vers l'avenir, et cette fois je ne m'aventure dans cette dernière digression qu'avec un surcroît d'humilité.

Celui qui a si incomplétement décrit le présent, a-t-il le droit de parler de l'avenir? C'est pourtant là ce que je vais tenter : je supplie mon lecteur de me traiter avec indulgence, et de ne voir dans ce que je vais dire que des suppositions et des hypothèses.

Je me suis souvent demandé si on pouvait rêver dans l'avenir un état de civilisation plus avancé et plus complet que celui qui règne aujourd'hui. La question, on le voit, est très-délicate, et exigerait pour première condition, de celui qui l'aborde, le don de la divination.

Tout d'abord, je ferai observer que ce mot : *Civilisation* doit être fort clairement défini. Une étude attentive de l'antiquité prouve, par exemple, que le siècle de Péricles fut dans l'ordre moral tout aussi avancé que le nôtre.

Les Grecs, qui avaient appris la poésie avec Homère, Pindare, Hésiode, Sophocle, Euripide, Eschyle, Aristophane, Théocrite et Anacréon, l'histoire avec Hérodote, Thucydide et Xénophon, la philosophie avec Pythagore, Socrate, Platon et Aristote, les arts avec Phydias, Praxitèle, Apelles et Zeuxis, l'éloquence avec Démosthènes n'éprouveraient sûrement aucune surprise à la vue des gloires des siècles postérieurs que nous pourrions opposer aux leurs. Les Grecs, qui vivaient il y a deux mille ans étaient donc tout autant civilisés que nous pouvons l'être maintenant.

Je suis même de cet avis qu'ils sont encore nos

maîtres, et qu'ils conserveront longtemps encore ce prestige et cette supériorité.

L'humanité, qui forme par la chaîne des générations une individualité, a eu ses dix-sept ans dans la personne des Grecs. L'humanité, pas plus que la jeune fille, n'aura pas une seconde fois dix-sept ans. Les Grecs représentent Psyché. Ils sont la fleur, le dessus du panier de la création.

Nous ne sommes supérieurs aux Grecs que par un seul côté, par la morale du Christ.

Cette morale est certainement plus élevée et plus pure que celle enseignée par Socrate et par Platon. Il ne faut pas craindre d'insister sur ce point, qui est, je le répète, le seul par lequel nous surpassions les Grecs. La Providence a détrôné justement la Fatalité, et elle a triomphé sans admettre la moindre concession, imposant au contraire aux hommes ces scrupules inquiétants qui, depuis dix-huit siècles, ont remplacé, dans les esprits et dans les cœurs, la sérénité et la gaieté aveugles du païen par la tristesse motivée du chrétien.

En descendant la série des siècles qui nous séparent de ces beaux jours de la Grèce, nous rencontrons à

Rome, au temps d'Auguste, puis à l'époque de la renaissance, des périodes éclatantes qui accusent une civilisation parvenue à une sorte d'apogée que notre dix-neuvième siècle ne dépasse peut-être pas. Près de Raphaël, de Michel-Ange, de Léonard de Vinci, du Titien, de Dante, nous ne sommes plus que des mirmidons, et si par un autre côté nous pouvons supporter un tel parallèle, tout l'honneur en revient à nos savants modernes qui, eux, par exemple, sont des Titans comparés aux alchimistes, aux sorciers, aux nécromanciens et aux augures.

Tout ce que je viens de dire se rapporte au côté le plus transcendant de la civilisation ; mais il importe de mettre en ligne certains détails d'un ordre infiniment moins élevé, qui comptent dans l'ensemble, et méritent d'être estimés tout ce qu'ils valent. Ces détails sont étrangers à l'ordre moral, et ne concernent que la vie dans ce qu'elle a de plus prosaïque et de plus terre à terre. On devine que je veux parler des inventions, des découvertes et des procédés vulgarisés par la science, adoptés par l'usage et contribuant dans une large part au bien-être en ce monde. Je descends, comme on le voit, très-rapidement de la sphère où je planais, pour ramper à la suite d'appétits grossiers auxquels, en dépit des fascinations de l'idéal et des fiertés de notre âme, nous sommes forcés de donner satisfaction.

Si le vrai luxe avec ses prodigalités magnifiques et ses égoïsmes révoltants n'existe plus, en revanche le bien-être, c'est-à-dire l'art de savoir faire de la terre un séjour agréable, a su atteindre de nos jours une supériorité incontestable. La vie, secondée par ce que la science et l'industrie mettent à sa disposition, ne manque plus de charmes. Ces divers progrès placent l'humanité dans un situation incontestablement préférable à celle qu'il lui fallut subir jusque-là.

Nos demeures, notre costume, notre nourriture, nos plaisirs ont profité du progrès des temps : Trimalcion et les Sybarites ne furent en réalité, comparés à nous, que des misérables et des barbares. Ils ont ignoré la bougie, et s'éclairaient avec des torches et des lampes fumeuses, ils ne connaissaient pas le sucre, et se servaient de miel; ils se miraient dans des plaques de fer poli, ils voyageaient lentement à dos de cheval ou juchés sur des chariots. Ils ne connaissaient pas l'imprimerie.

On entrevoit déjà le vide et la gêne quel a suppression de ces douceurs devait imposer à la vie, alors qu'elles n'étaient pas connues. Ce prétendu luxe de Trimalcion, qu'on nous oppose sans cesse, équivaut à peu près au bien-être des Chinois, que nous pouvons apprécier depuis que nous avons pris leur capitale. Nous savons en quoi consiste ce luxe avec lequel on essayait de nous humilier. Pékin est une ville qui n'est guère plus grande que les faubourgs de Paris, ses rues ne sont pas pavées. Une orgie de soleil, une végétation folle, des oripeaux criards accrochés à des vêtements, de la porcelaine et des parasols partout, telle est est la capitale de ce prosaïque *céleste empire*.

Chez nous, au contraire, si la vertu n'est plus aussi farouche, si le goût n'est plus aussi pur, si le caractère n'est plus aussi chevaleresque, si l'individu n'est plus autant patricien, en revanche, le bien-être des masses s'est accru, et la terre est devenue un logement habitable.

L'homme sait faire la guerre aux petits cataclysmes qui autrefois avaient le pouvoir de l'anéantir. Par tous ces côtés prosaïques, mais très-essentiels, la civilisation du dix-neuvième siècle est fort avancée et supérieure à celles qui l'ont précédée sur la terre. Quelques optimistes vont même jusqu'à prétendre que le progrès a dit son dernier mot, et que la vapeur, le chloroforme et l'électricité avec leurs applications seront les dernières découvertes. Ils veulent bien croire qu'on amènera la mer à Paris; ils accordent aussi que les hommes navigueront en ballon dans les airs, ce qui amènera la suppression radicale des douanes, des barrières et des frontières. A l'exemple des poissons de l'Océan, les mortels mêlés et confondus dans les vagues de l'atmosphère, fraterniseront au milieu des orages, et humilieront par leur audace les aigles eux-mêmes, que les naturalistes rangeront parmi les bêtes rampantes. Il y aura des villes et des congrès aériens. Les ballons, maîtres de l'espace, sachant commander aux ouragans et aux tempêtes, jetteront l'ancre dans l'azur, et, disposant des accalmies, séjourneront des saisons entières à la même place, absolument comme des vaisseaux abrités dans une rade.

La chimie et la physique nous apprendront le secret de brûler l'air et de l'employer comme force motrice, ce qui nous dispensera de creuser les mines, et d'anéantir en détail les entrailles de notre planète. Ces sciences, utilisant la lumière électrique, nous apprendront encore à supprimer complétement la nuit. Elles inventeront des petits phares qui seront les doublures du soleil.

Je veux bien croire à ces merveilles, dont accouche en cet instant l'esprit de nos grands inventeurs. Par malheur tous ces progrès ne seront que des conquêtes sur la matière, qui rendront peut-être la vie plus agréable, mais qui n'agrandiront pas d'un iota cet étroit domaine intellectuel dans lequel l'homme, qui étouffe dans l'univers, est fatalement destiné à se débattre, luttant contre le démon de la curiosité qui le dévore, entre un Dieu invisible et une création muette !

CHAPITRE XVII

QUE DEVIENDRA PARIS?

J'arrive, dans ce dernier chapitre, à des suppositions encore plus téméraires. Le grand, le formidable Paris que nous habitons, et qui passe à si juste titre pour le foyer de la civilisation, est destiné, comme toutes les grandes villes de l'antiquité, à ne former un jour qu'un monceau de ruines, sur lesquelles pousseront des ronces que les loups échappés à l'adresse des chasseurs viendront peupler. Le palais du Louvre redeviendra la demeure des loups, comme sous le roi Dagobert.

Pour admettre cette supposition, il faut oublier un instant la courte chronologie des historiens qui n'accordent à la terre que six mille ans d'existence, et raisonner avec celle des géologues qui assignent à notre globe des millions de siècles dans l'avenir comme dans le passé.

Rien de ce que créent les hommes n'est éternel. Les villes qu'ils construisent tombent en poussière avec le temps.

Dans cinq ou dix mille ans, les palais et les musées seront anéantis. Les chefs-d'œuvre du Titien, de Raphaël et de Rembrandt qu'ils renferment seront tombés en poussière, pour aller rejoindre ceux d'Apelles et de Zeuxis, et la solitude planera à cette place, où les hommes auront accompli de si grands efforts et se seront agités avec tant de fièvre et d'ardeur.

Il en sera ainsi parce que la marche du temps le veut, et parce que la civilisation aura émigré vers d'autres parages.

Ce Paris que nous savons par cœur, et sur lequel nous avons incrusté nos idées, nos caprices et nos fantaisies, a d'ailleurs changé lui-même vingt fois d'aspect. Cette rue Vivienne, toute peuplée de pimpantes modistes dont les yeux fripons regardent les flâneurs, dans laquelle passent les commis d'agents de change, les clercs de notaire, les comiques du Palais-Royal, toutes les modernités enfin, fut autrefois un vaste champ de sépultures romaines. On a retrouvé sur son emplacement les bas-reliefs d'un tombeau en marbre. L'un représentait Bacchus couché près d'Ariane, l'autre une prêtresse rendant des oracles. On a également découvert une urne funéraire portant cette inscription : « *Pithusa a fait exécuter ce monument pour sa fille Ampudia Amanda, morte à l'âge de dix-sept ans,* » puis une autre urne avec cette inscription : « *Chrestus affranchi a fait, à ses dépens, ériger ce monument à son patron, Nonius Junius Epigonus.* »

Ainsi donc, le luxe et la futilité se sont installés à l'endroit où, il y a deux mille ans, se trouvaient des tombeaux.

Dans mille ans peut-être les ruines et la solitude auront repris possession de la place, et l'observateur de l'éternité, qui jettera un regard curieux sur le passé, éprouvera, en apprenant qu'en l'an 1862 on y a vendu des chapeaux, un étonnement égal à celui que manifesteraient à présent les jolies modistes de la rue Vivienne si on leur rappelait qu'elles ont choisi pour poser des fleurs et des rubans sur des bonnets, l'espace occupé jadis par le tombeau de la jeune et belle Ampudia.

Tout près de cette rue Vivienne, cette grande halle où Paris vient chaque jour chercher ses provisions a été construite sur le charnier des Innocents, c'est-à dire sur un endroit qui, pendant près de dix siècles, fut le réceptacle dans lequel on enterra plus de quatorze cent mille Parisiens. En bouleversant le sol, on a trouvé une épaisse couche de phosphate de chaux produite par tous ces détritus humains. On a remué les cendres de ces cadavres, que le fossoyeur avait alignés, sans qu'il fût possible de rien discerner ni de rien lire dans cette poussière, formée par des mains qui avaient travaillé, des cœurs qui avaient battu, des cerveaux qui avaient pensé et des bouches qui avaient prié Dieu!

O Hamlet! tu n'aurais pu reconnaître dans ces débris immenses le crâne d'Yorick.

Paris disparaîtra comme Babylone, comme Thèbes aux cent portes, comme Syracuse, comme Carthage, comme cette Ninive dont un de ses musées a recueilli les débris, mais le temps seul aura raison de lui. Il n'est pas exposé, comme ces grandes villes de l'antiquité, à périr saccagé par des Alaric ou des Attila à la tête des barbares. D'abord il n'y a plus de barbares. La géographie peut l'affirmer. Il n'a plus à redouter un siége. Le temps est passé où l'on attaquait les capitales. C'est par Henri IV qu'il était écrit que Paris serait une dernière fois assiégé. Aussi le Béarnais fit-il passer des vivres à ses adversaires. On ne verra plus ces atrocités des anciens temps et comme à Tyr et à Carthage, les femmes couper leurs cheveux pour fournir des cordes aux grues et aux cabestans.

L'art de la guerre n'a point renoncé aux siéges, je le sais, mais ces siéges n'atteindront jamais les métropoles. La stratégie jouera désormais la partie avec les villes moins importantes d'un quadrilatère.

TABLE

	Pages
Préface, page	I
CHAPITRE PREMIER. — La petite Lutèce dans son berceau	1
CHAPITRE II. — Agrandissements successifs de Paris	24
CHAPITRE III. — Les Rivales de Paris	35
CHAPITRE IV. — De la centralisation et des chemins de fer	48
CHAPITRE V. — Paris retrouvé	64
CHAPITRE VI. — Le Paris de 1862	67
CHAPITRE VII. — La vie parisienne	80
CHAPITRE VIII. — Ce qu'on entend par tout Paris	88
CHAPITRE IX. — Les Cercles	94
CHAPITRE X. — Les Hôtels	99

	pages
CHAPITRE XI. — La cuisine à Paris	104
CHAPITRE XII. — L'art et le luxe	139
CHAPITRE XIII. — Le plaisir	172
CHAPITRE XIV. — Supplique à un économiste	204
CHAPITRE XV. — De quelques mœurs nouvelles	208
CHAPITRE XVI. — Paris sera-t-il plus civilisé ?	229
CHAPITRE XVII. — Que deviendra Paris ?	238

Paris. — Imprimerie A. VALLÉE, 15, rue Bréda.

www.ingramcontent.com/pod-product-compliance
Lightning Source LLC
Chambersburg PA
CBHW070523170426
43200CB00011B/2302